AF217955

1. Die Summe der Zahlen in zwei nebeneinander liegenden Steinen steht im Stein darüber.

a)

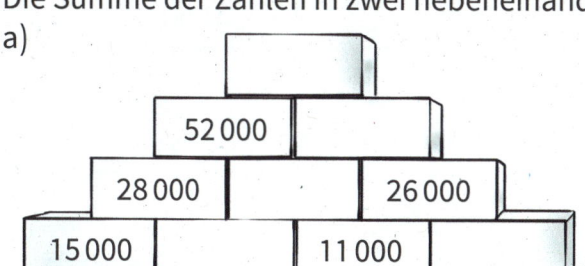

b)

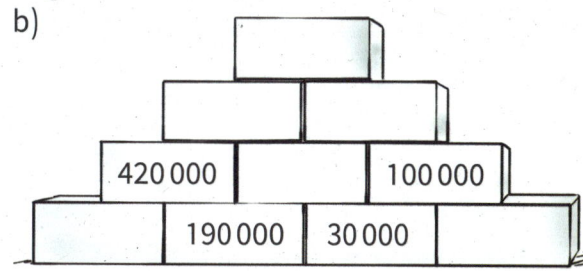

2. Beachte, ob Geld eingezahlt oder ausgezahlt wird. Ergänze die fehlenden Geldbeträge.

a)

Kontostand (alt)	Einzahlung	Kontostand (neu)
45 €	18 €	
11 €		35 €
	80 €	110 €

b)

Kontostand (alt)	Auszahlung	Kontostand (neu)
44,50 €	24,50 €	
	20,50 €	58,00 €
37,40 €		20,40 €

3. Phil kauft zwei Limo für zusammen 1,40 € und eine Zeitschrift für 2,30 €.
Er bezahlt mit einem 5-€-Schein.

F: _____

A: _____

4. Im Kopf oder schriftlich? Rechne aus. Du erhältst ein Lösungswort.

a) $74\,500 + 419$ = _____ ____

   $27\,000 + 46\,000$ = _____ ____

   $200,08 + 200,01$ = _____ ____

   $210,57 + 5213,7$ = _____ ____

   $3008,9 + 2900,1$ = _____ ____

b) $27\,555 - 21\,567$ = _____ ____

   $90\,000 - 11\,000$ = _____ ____

   $414,05 - 2,05$ = _____ ____

   $900,75 - 500,25$ = _____ ____

   $544,98 - 129,71$ = _____ ____

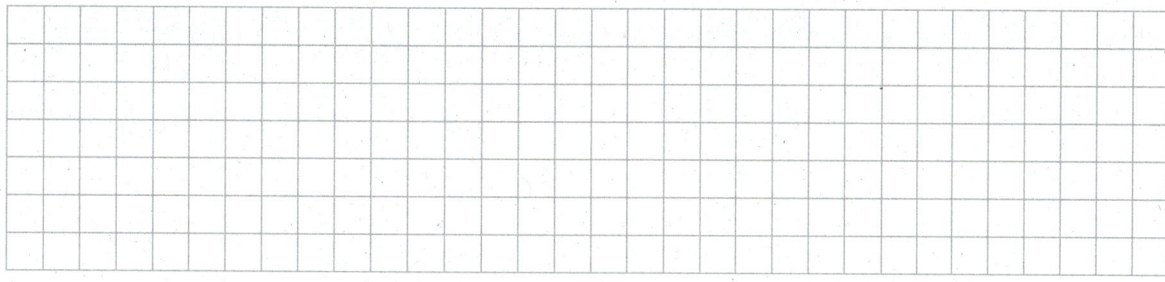

400,09	400,5	412	415,27	5424,27	5909	5988	73 000	74 919	79 000
P	R	B	A	E	R	K	I	V	O

Multiplizieren und Dividieren

1. a)

· 10	
340	
5 000	
126	
40 000	

b)

· 200	
100	
5 000	
33	
200	

c)

: 5	
100 000	
50 000	
20 000	
4 000	

2. a)

·	5	20	100
10			
50			
100			

b)

:	10	100	50
10 000			
200			
4 000			

3. Ein Regal kostet 39,90 €. Herr Kreuzmann kauft 4 Regale.

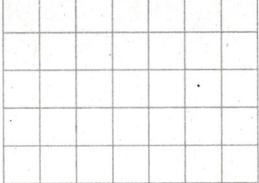

F: _____

A: _____

4. Im Kopf oder schriftlich? Trage die Ergebnisse ein.

a) $3\,200 \cdot 4$ = _____

b) $23{,}45 \cdot 12$ = _____

c) $28\,138 \cdot 1{,}5$ = _____

d) $357{,}17 \cdot 100$ = _____

e) $9\,725 : 2$ = _____

f) $600{,}6 : 3$ = _____

g) $234{,}9 : 10$ = _____

h) $5\,660{,}8 : 4$ = _____

5. Frau Rau kauft 4 Stühle und einen Tisch. Der Tisch kostet 129,50 €, ein Stuhl kostet 50 €.

F: _____

A: _____

6. Punktrechnung vor Strichrechnung. Was in Klammern steht, wird zuerst ausgerechnet.

a) $12 \cdot 2 + 5 =$ _____

$27 - 3 \cdot 3 =$ _____

$80 : 2 - 9 =$ _____

$24 + 8 : 4 =$ _____

b) $9 \cdot 3 + 4 \cdot 2 =$ _____

$20 : 4 + 9 : 3 =$ _____

$6 \cdot 5 - 3 \cdot 7 =$ _____

$36 : 6 - 8 : 8 =$ _____

c) $(180 + 20) : 4 =$ _____

$(77 - 17) \cdot 5 =$ _____

$(120 - 90) : 2 =$ _____

$(105 + 15) \cdot 3 =$ _____

Bruchrechnen

1. Ordne die Brüche nach der Größe.

a) $\frac{1}{3}$; $\frac{1}{2}$; $\frac{1}{4}$; $\frac{1}{10}$; $\frac{1}{8}$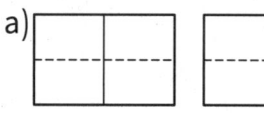

b) $\frac{4}{5}$; $\frac{3}{4}$; $\frac{2}{3}$; $\frac{3}{10}$; $\frac{19}{20}$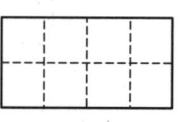

_____ < _____ < _____ < _____   _____ < _____ < _____ < _____ < _____

2. a) $\frac{1}{3} + \frac{1}{3} =$ _____   b) $\frac{1}{8} + \frac{2}{8} =$ _____   c) $\frac{5}{9} - \frac{4}{9} =$ _____   d) $\frac{3}{4} - \frac{1}{4} =$ _____

3. Färbe die Bruchteile und addiere.

a)   b)

$\frac{1}{2}$ + $\frac{1}{4}$ = _____ $\frac{3}{4}$ + $\frac{1}{8}$ = _____

4. Finde den gemeinsamen Nenner, dann rechne.

a) $\frac{2}{3} + \frac{1}{6} = \frac{4}{6} + \frac{}{6} =$ _____   b) $\frac{4}{5} - \frac{1}{10} = \frac{}{} - \frac{}{} =$ _____   c) $\frac{1}{2} - \frac{1}{8} = \frac{}{} - \frac{}{} =$ _____

d) $\frac{1}{8} + \frac{1}{2} = \frac{}{} + \frac{}{} =$ _____   e) $\frac{7}{8} - \frac{1}{4} = \frac{}{} - \frac{}{} =$ _____   f) $\frac{9}{10} - \frac{3}{5} = \frac{}{} - \frac{}{} =$ _____

5. Ein Schrank kostet 360 €. Beim Kauf zahlt Frau Wilmes ein Drittel des Preises an.

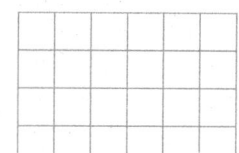

F: _____

A: _____

6.
a) $\frac{1}{4}$ von 36 = _____   b) $\frac{3}{4}$ von 160 = _____   c) $\frac{2}{5}$ von 150 = _____

    $\frac{1}{2}$ von 900 = _____ $\frac{7}{10}$ von 700 = _____ $\frac{3}{8}$ von 160 = _____

    $\frac{1}{10}$ von 240 = _____ $\frac{2}{3}$ von 300 = _____ $\frac{1}{7}$ von 1 400 = _____

    $\frac{1}{5}$ von 400 = _____ $\frac{4}{5}$ von 1 000 = _____ $\frac{2}{3}$ von 6 000 = _____

7. Für ein Mixgetränk nimmt Tim $\frac{1}{4}$ ℓ Wasser, $\frac{1}{2}$ ℓ Bananensaft und 750 ㎖ Kirschsaft.
F: Wie viel Liter Mixgetränk erhält Tim?

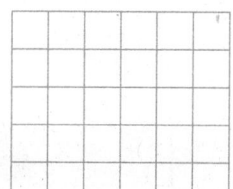

A: _____

8. Immer 2 Angaben sind gleich. Kennzeichne sie mit der gleichen Farbe.

a)

$\frac{1}{4}$	$\frac{1}{10}$	$\frac{1}{2}$

0,5	0,25	0,1

b)

$\frac{4}{5}$	$\frac{3}{4}$	$\frac{3}{10}$

0,3	0,75	0,8

Rechnen mit negativen Zahlen

1. Vervollständige die Zahlenreihe.

a)

–50	–45						–10

b)

–40	–30					30	

c)

				0	100	200

2. Frau Nasarenko hat ein Guthaben von 355 € auf ihrem Konto. Für die Miete werden 420 € von diesem Konto abgebucht.
F: Wie lautet der neue Kontostand?

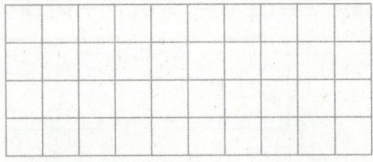

A: _____

3. Beachte, ob Geld ausgezahlt oder eingezahlt wird. Ergänze die fehlenden Geldbeträge.

a)

Kontostand (alt)	Einzahlung	Kontostand (neu)
–40 €	25 €	
–15 €		35 €
	150 €	120 €

b)

Kontostand (alt)	Auszahlung	Kontostand (neu)
38,50 €	30,00 €	
– 4,10 €	10,00 €	
–10,50 €		–30,00 €

4. Rechne aus. Du erhältst ein Lösungswort.

a) $-30 + 20$ = _____ ____

   $-15 + 25$ = _____ ____

   $41 - 18$ = _____ ____

   $69 - 80$ = _____ ____

b) $-4 + 4$ = _____ ____

   $20 - 37$ = _____ ____

   $23 - 15$ = _____ ____

   $-8 + 3$ = _____ ____

c) $7 - 30$ = _____ ____

   $-8 - 20$ = _____ ____

   $22 - 25$ = _____ ____

   $-4 + 13$ = _____ ____

–28	–23	–17	–11	–10	–5	–3	0	8	9	10	23
E	B	R	N	W	G	R	P	A	N	I	E

5. Wie hoch war die Durchschnittstemperatur?

Sonntag
tiefste Temperatur
–5,6 °C
höchste Temperatur
–5,2 °C

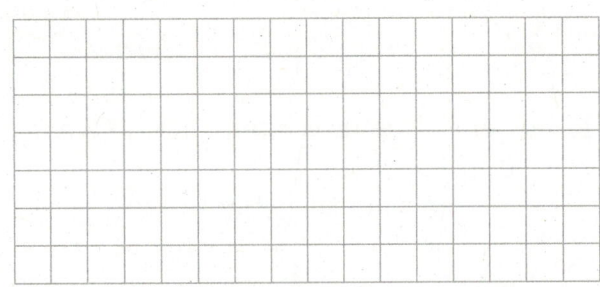

A: _____

6. Vorige Woche war Jans Kontostand –6 €. Der neue Kontostand ist das Dreifache von –6 €. Kreuze den neuen Kontostand an.

◯ 18 €   ◯ 2 €   ◯ –18 €   ◯ 3 €   ◯ –2 €   ◯ –3 €

7. a) $4 \cdot (-5) =$ ____   b) $2 \cdot (-3) =$ ____   c) $-6 : 2 =$ ____   d) $-12 : 4 =$ ____

Überschlagen

1. Bilde je drei Additions- oder Subtraktionsaufgaben, das Ergebnis soll kleiner als 50 000 sein.

a)
26 000
17 000
34 000
30 000

b)
15 070
37 500
43 030
22 550

c)
39 456
21 062
10 074
40 321

2. Kreuze das richtige Ergebnis an.

a) 7,3 · 2,9
○ 2,117
○ 21,17
○ 211,7

b) 0,6 · 8,18
○ 490,8
○ 49,08
○ 4,908

c) 125,2 : 5
○ 25,04
○ 75,4
○ 250,4

d) 10,4 : 0,5
○ 5,2
○ 52
○ 20,8

3. Welche Ergebnisse sind kleiner als 10 000? Überschlage und kreuze an. Dann rechne die angekreuzten Aufgaben.

a) ○ 24,9 + 125,8 = _____
○ 7 890 + 4 000,5 = _____
○ 999,63 – 5,11 = _____
○ 50 072 – 22 222 = _____

b) ○ 375,9 · 12 = _____
○ 37,28 · 500 = _____
○ 43 585 : 5 = _____
○ 1 207,5 : 2 = _____

Proportionale Zuordnungen

1. Berechne den fehlenden Preis.

a)

Fußbälle	
Anzahl	€
1	30
5	

b)

Volleybälle	
Anzahl	€
4	100
2	

c)

Basketbälle	
Anzahl	€
9	270
3	

d)

Handbälle	
Anzahl	€
2	40
10	

2. Die Waldschule kauft 6 Hockey-Tore für zusammen 240 €.
F: Wie viel Euro kostet ein Hockey-Tor?

A: _____

3. Vervollständige die Tabelle und das zugehörige Schaubild.

Federball-Schläger	
Anzahl	€
1	
2	10
3	
4	
5	
6	
7	

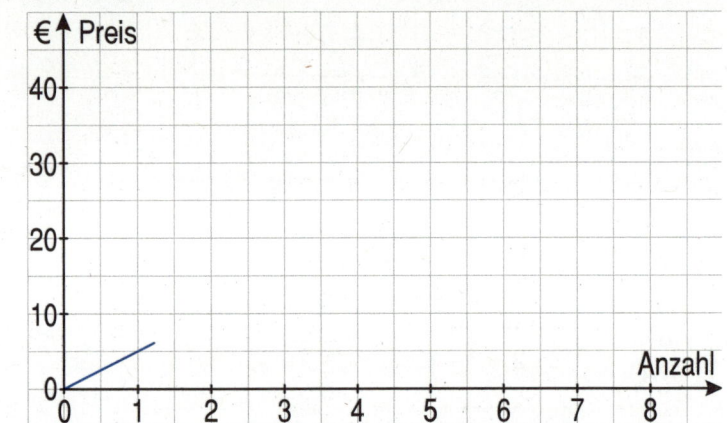

4. Berechne die fehlenden Preise.

a)

Rollbretter	
Anzahl	€
2	32
1	
3	

b)

Waveboards	
Anzahl	€
4	100
1	
5	

c)

Inliner	
Anzahl	€
4	200
1	
3	

d)

Longboards	
Anzahl	€
5	300
1	
2	

5. Für 10 Hockey-Schläger bezahlt die Bergschule insgesamt 250 €.
Die Seeschule kauft 8 Hockey-Schläger.

F: Wie viel Euro kosten 8 Hockey-Schläger?

A: _____

6. Löse mit einer Tabelle.
a) Preis für 5 Basketball-Körbe: 120 €

   Preis für 4 Basketball-Körbe: _____ €

b) Preis für 3 Tennis-Schläger: 89,70 €

   Preis für 20 Tennis-Schläger: _____ €

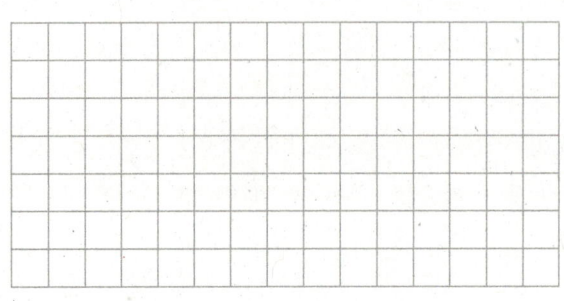

Antiproportionale Zuordnungen

1. Wie viel Zeit wird benötigt?

a)

Ordnen	
Personen	min
2	40
1	

b)

Einsortieren	
Personen	min
1	60
3	

c)

Verpacken	
Personen	min
4	50
2	

d)

Aufräumen	
Personen	min
6	10
2	

2. Von 4 Baggern kann ein Graben in 3 Stunden ausgehoben werden.
F: Wie viele Stunden würde ein Bagger für diese Arbeit benötigen?

A: _____

3. Wie viele Fahrten sind für den Transport des Baumaterials nötig?

a)

Sand	
Lkw	Fahrten
2	10
1	
5	

b)

Beton	
Lkw	Fahrten
4	6
1	
3	

c)

Kies	
Lkw	Fahrten
3	4
1	
2	

d)

Steine	
Lkw	Fahrten
4	5
1	
5	

4. Der Futtervorrat im Tierpark reicht bei 10 Tieren für 4 Tage.
F: Wie lange reicht der Futtervorrat, wenn nur 8 Tiere im
Tierpark gefüttert werden müssen?

A: _____

5. Im Kopf oder schriftlich? Löse mit einer Tabelle.

a) Futtervorrat bei 12 Tieren:　　15 Tage　　　　b) Arbeitsdauer mit 5 Personen:　　30 min

Futtervorrat bei 5 Tieren: _____ Tage　　　　　Arbeitsdauer mit 3 Personen: _____ min

c) Transport mit 2 Lkw:　　6 Fahrten　　　　d) Arbeitsdauer mit 3 Maschinen:　　24 h

Transport mit 3 Lkw: _____ Fahrten　　　　　Arbeitsdauer mit 4 Maschinen: _____ h

Zuordnungen

1. Ist die Zuordnung proportional (p) oder antiproportional (a)? Kreuze an.

	p	a
a) Mit 10 ℓ Farbe kann eine Fläche von 30 m² gestrichen werden. Wie viele m² können gestrichen werden, wenn nur 5 ℓ Farbe vorhanden sind?		
b) Eine Hauswand kann von 2 Malern in 4 Stunden gestrichen werden. Wie viele Stunden dauert diese Arbeit, wenn nur 1 Maler eingesetzt wird?		
c) Vanessa bezahlt im Schreibwarengeschäft für 4 Hefte 1,16 €. Fatih kauft 10 Hefte. Wie viel Euro muss er bezahlen?		
d) Der Futtervorrat der Zebras reicht für 5 Tage, wenn 20 Tiere versorgt werden. Nun müssen 25 Zebras gefüttert werden. Wie lange reicht der Futtervorrat?		

2. a) Vervollständige die Tabellen.
   b) Eine der Tabellen gehört zu einer proportionalen Zuordnung. Erstelle dazu das Schaubild.

Anzahl	€
1	6
2	12
3	
4	
5	

Personen	min
1	30
2	15
3	
4	
5	

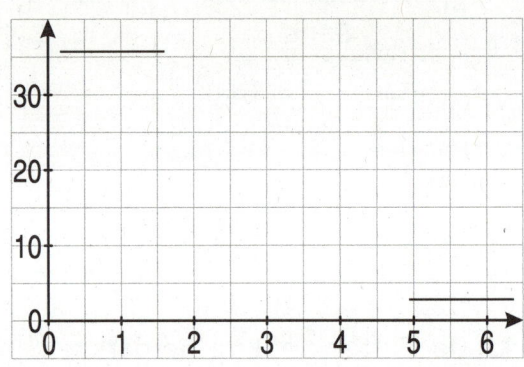

3. Ist die Zuordnung proportional oder antiproportional? Ergänze die fehlenden Werte in der Tabelle.

a)

Radlader	
Anzahl	h
4	5
1	
10	

b)

Lohn	
h	€
5	45
1	
4	

c)

Farbe	
Eimer	kg
3	15
1	
5	

4. Ein Becken ist zum Teil gefüllt. Wasser fließt gleichmäßig hinzu. Vervollständige die Tabelle.

a)

Wassermenge	
min	ℓ
0	10
1	18
2	26
3	

b)

Wassermenge	
min	ℓ
0	20
1	30
2	40
10	

c)

Wassermenge	
min	ℓ
0	15
1	35
2	
4	

5. Ein Taxibetrieb erhebt eine Anfahrtsgebühr von 3,50 €.
Für jeden gefahrenen Kilometer werden 1,80 € berechnet.
F: Wie viel Euro bezahlt Herr Born für eine 10 km lange Fahrt?

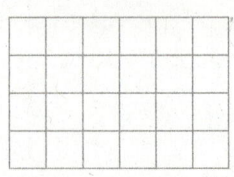

A: _____

Größen

1. Kleiner, größer oder gleich? Setze ein: <, > oder =.

305 Cent ☐ 3,50 €   5,98 € ☐ 500 Cent   90 Cent ☐ 0,09 €   450 Cent ☐ 45 €

2. Ordne nach der Größe. Beginne mit dem größten Geldbetrag.

10,95 €   14 €   592 Cent   0,98 €   _____ > _____ > _____ > _____

3. Kleiner, größer oder gleich? Setze ein: <, > oder =.

4,5 cm ☐ 54 mm   98 mm ☐ 10 cm   8 km ☐ 900 m   1,85 m ☐ 185 cm

4. Wandle um in die angegebene Maßeinheit.

a) 3,1 km = _____ m   0,7 km = _____ m   2 000 m = _____ km   4 500 m = _____ km

b) 14 cm = _____ mm   5,2 cm = _____ mm   60 mm = _____ cm   2 mm = _____ cm

5. Immer drei Längenangaben sind gleich. Kennzeichne sie mit der gleichen Farbe.

240 cm	0 m 24 cm	2 m 40 cm	24 cm	2,4 cm	2,4 km
24 mm	2 km 400 m	0,24 m	2,40 m	2 400 m	2 cm 4 mm

6. Gesine hat mit dem Tacho festgestellt, dass ihr Schulweg genau 695 m lang ist. Wie viel km sind das für Hin- und Rückweg zusammen?

A: _____

7. Der Billardtisch ist im Maßstab 1 : 20 abgebildet. Miss für jede Kugel die Länge des Weges in der Zeichnung und berechne die Länge des Weges in der Wirklichkeit in Zentimeter.

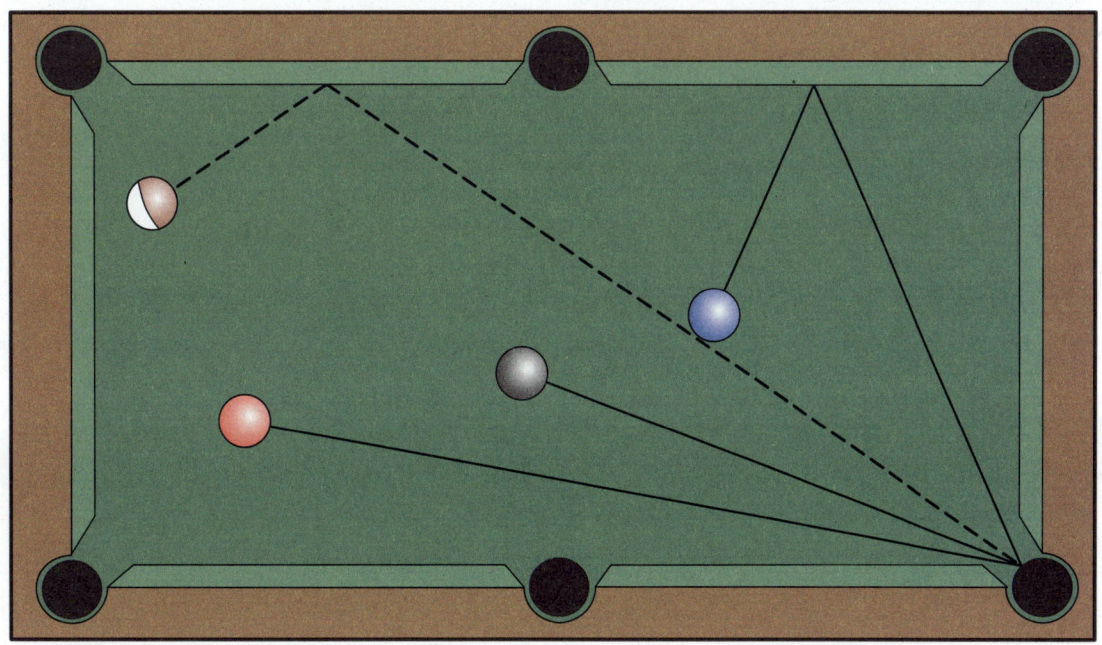

Farbe der Kugel	rot	blau	schwarz	braun-weiß
Länge in der Zeichnung	_____ cm	_____ cm	_____ cm	_____ cm
Länge in der Wirklichkeit	_____ cm	_____ cm	_____ cm	_____ cm

Größen

1. Kleiner, größer oder gleich? Setze ein: <, > oder =.

   2 300 g ☐ 23 kg   1 kg ☐ 1 000 g   3 500 kg ☐ 3,5 t   2 t ☐ 200 kg

2. a) 1,275 t = _____ kg   3,5 t = _____ kg   2 750 kg = _____ t   900 kg = _____ t

   b) 1,8 kg = _____ g   0,025 kg = _____ g   1 300 g = _____ kg   11 000 g = _____ kg

3. a) 1 h = _____ min   b) 3 h 20 min = _____ min   c) 240 s = _____ min   d) 360 s = _____ min

4. Ergänze die fehlenden Angaben.

Abfahrt	13:10 Uhr	7:35 Uhr	10:45 Uhr	11:55 Uhr		
Fahrzeit	55 min		30 min		40 min	1 h 35 min
Ankunft		8:20 Uhr		12:30 Uhr	8:00 Uhr	17:05 Uhr

5. Frau Rummeleit geht um 7:50 Uhr zum Bahnhof. Ihr Zug fährt 21 Minuten später ab und erreicht nach 54 Minuten Fahrzeit den Bahnhof Emden. Vervollständige die Tabelle mit den Angaben zur Fahrt des Zuges.

Abfahrt	
Fahrzeit	
Ankunft	

6. Immer drei Angaben sind gleich. Kennzeichne sie mit der gleichen Farbe.

   a)

50 cm	500 m	$\frac{1}{2}$ cm
$\frac{1}{2}$ km	0,5 m	0,5 cm
$\frac{1}{2}$ m	5 mm	0,5 km

   b)

$\frac{1}{4}$ t	2 500 g	0,25 t
0,25 kg	$\frac{1}{4}$ kg	2,5 kg
250 g	$2\frac{1}{2}$ kg	250 kg

7. Wandle um in die angegebene Maßeinheit.

   Julian ist (1 670 Millimeter) _____ m groß und (64 000 Gramm) _____ kg schwer.

   Er arbeitet im Praktikum täglich (360 Minuten) _____ h. Seine Mittagspause dauert

   genau (1 800 Sekunden) _____ min. In dieser Zeit kauft Julian immer am Kiosk eine

   Tageszeitung für (240 Cent) _____ €. Die Kosten für die Zeitung teilt Julian sich mit

   seinem (730 Tage) _____ Jahre älteren Bruder.

8. Setze sinnvolle Maßeinheiten ein.

   Feride wohnt 8 _____ von der Schule entfernt. Die Busfahrt dorthin dauert 9 _____ und

   kostet 90 _____. Eine Monatskarte kostet 26 _____. Feride muss vom Busbahnhof bis zum

   Schulgebäude noch 200 _____ weit gehen. Daher soll ihre Schultasche nicht schwerer als

   6 _____ sein. Das ist oft nicht einzuhalten, da einige Bücher mehr als 500 _____ wiegen.

1. Welcher Text passt zum Schaubild? Ordne zu.

(1) Je mehr Arbeiter, desto weniger Zeit.

(2) Je mehr Kilometer, desto mehr Benzin.

(3) Die Temperatur sinkt zuerst, dann steigt sie.

(A)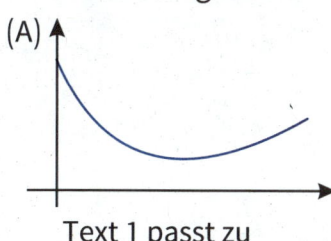

Text 1 passt zu_____

(B)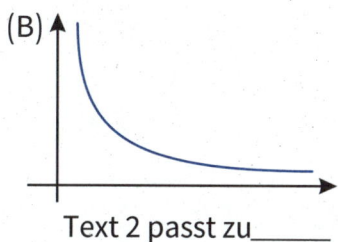

Text 2 passt zu_____

(C)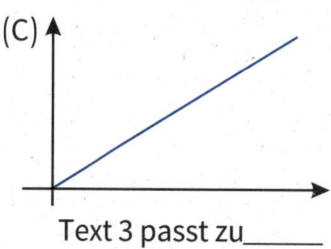

Text 3 passt zu_____

2. Lies Zeit und Füllhöhe im Schaubild ab und übertrage sie in die Tabelle.

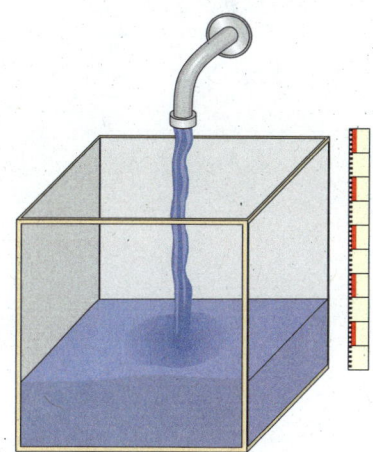

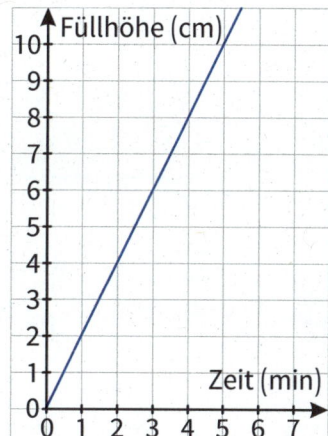

Füllhöhe	
min	cm
0	0
1	2
2	
3	

3. Jede Füllkurve gehört zu einem der Gefäße. Ordne jeder Füllkurve das Gefäß zu.

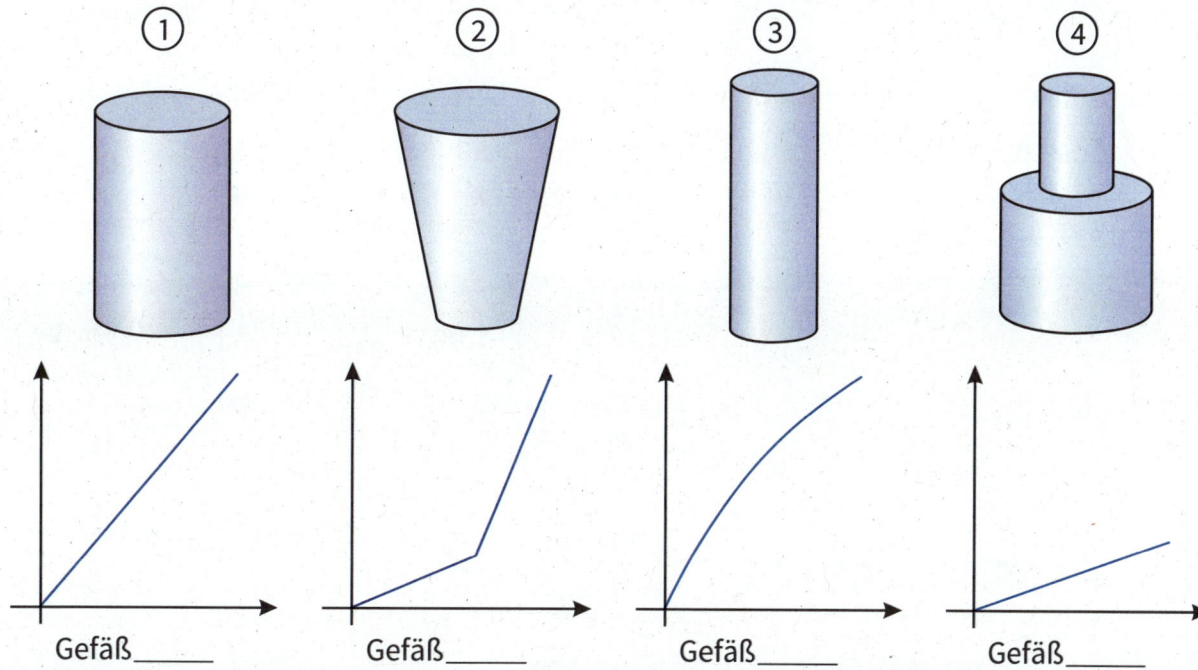

Gefäß_____ Gefäß_____ Gefäß_____ Gefäß_____

11

Grafische Darstellung von Funktionen

1. Laura hat mit ihrer Tante einen Motorradausflug an die Nordseeküste gemacht.

a) Vervollständige das Schaubild zur Weg-Zeit-Tabelle.

	Uhrzeit	Weglänge
Abfahrt	12:00 Uhr	0 km
Motorradpanne	13:00 Uhr	50 km
Weiterfahrt	14:00 Uhr	50 km
Pause	16:30 Uhr	175 km
Weiterfahrt	17:30 Uhr	175 km
Ankunft am Meer	19:00 Uhr	300 km

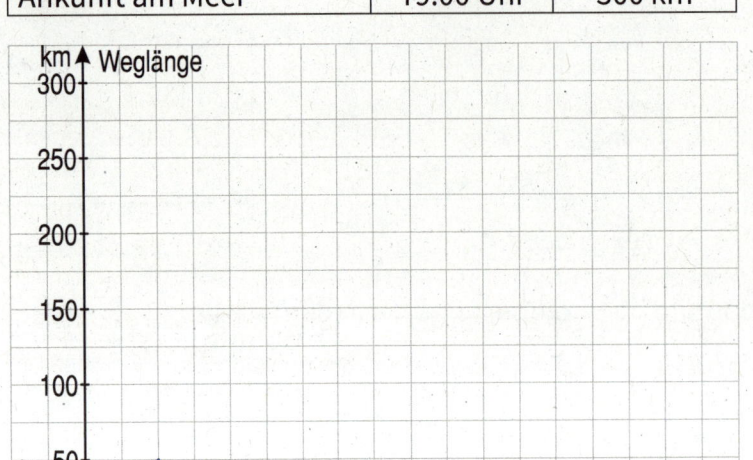

b) Lies in deinem Schaubild die Uhrzeiten zu den Weglängen ab. Trage ein.

Uhrzeit	Weglänge
	25 km
	75 km

Uhrzeit	Weglänge
	100 km
	150 km

c) Auf welcher der drei Etappen fuhren Laura und ihre Tante am schnellsten?

A: _____

2. Jugendliche fahren verschiedene Fahrradtouren. Ordne den Schaubildern die Namen zu.

Johannes fährt nach der Pause schneller als vor der Pause.	Fatime fährt zuerst schnell, dann langsamer, dann wieder schneller.	Timo fährt nach der Pause mit gleicher Geschwindigkeit wie vor der Pause.	Annemarie fährt nach der Pause langsamer als vor der Pause.

a)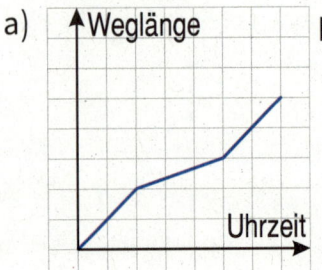
b)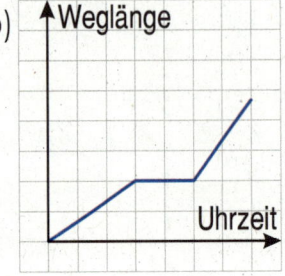
c)
d)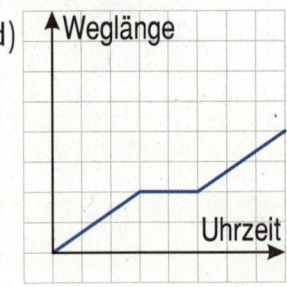

_____ _____ _____ _____

Grafische Darstellung von Funktionen

1. Ein Schwertransporter fährt um 21:00 Uhr auf die Autobahn. Ein Pkw fährt um 22:10 Uhr an derselben Auffahrt auf die Autobahn und folgt dem Schwertransporter.
Lies im Schaubild ab, nach wie viel Kilometern der Pkw den Schwertransporter einholt. Wie viel Uhr ist es dann?

A: _____

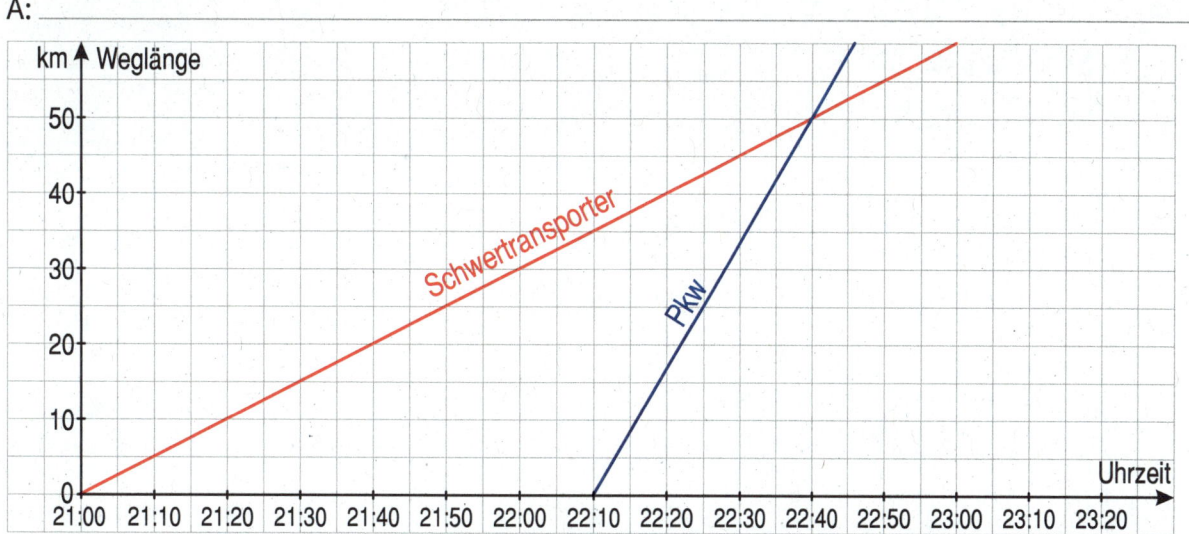

2. Paul bricht mit dem Roller zu einem Ausflug auf. Herr Breidenbach folgt ihm später auf derselben Strecke mit dem Pkw.

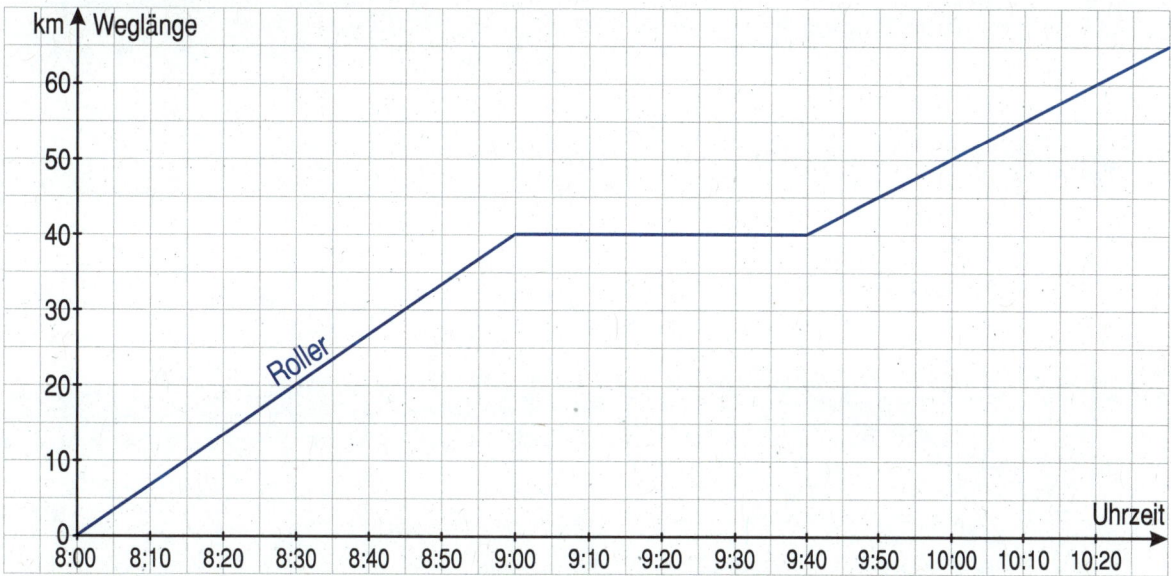

a) Ergänze die fehlenden Angaben in Pauls Bericht anhand des Schaubildes.

> Abfahrt war um _____ Uhr. Nach einer Stunde hatte ich _____ km zurückgelegt.
>
> Die Pause dauerte _____ Minuten. Um _____ Uhr hatte ich 50 km zurückgelegt.

b) Herr Breidenbach fuhr um 9:40 Uhr ab. Um 10:10 hatte er bereits 45 km zurückgelegt und fuhr mit gleicher Geschwindigkeit weiter. Vervollständige das Schaubild zur Fahrt des Pkw von Herrn Breidenbach.

c) Lies im Schaubild ab, nach wie viel Kilometern Paul von dem Pkw eingeholt wurde. Wie viel Uhr war es dann?

A: _____

Grafische Darstellung von Funktionen

1. Jan wohnt in Altberg, Ali wohnt 50 km entfernt in Neuhaus. Um 7:00 Uhr fährt Jan mit dem Fahrrad in Richtung Neuhaus. Ali fährt ihm 20 Minuten später mit dem Roller entgegen. Lies im Schaubild ab, wie viel Kilometer von Altberg entfernt die beiden sich treffen. Wie viel Uhr ist es dann?

A: _____

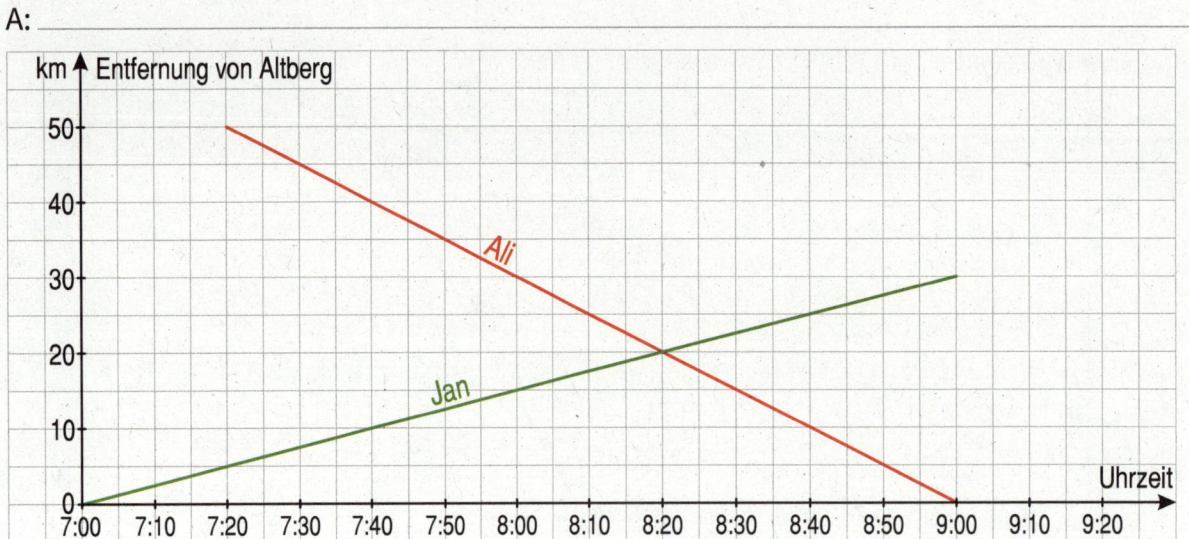

2. Ein Schwertransporter fährt von Frankberg auf eine Bundesstraße in Richtung Windheim. Gleichzeitig fährt Frau Pisani mit dem Pkw von Windheim in Richtung Frankberg.

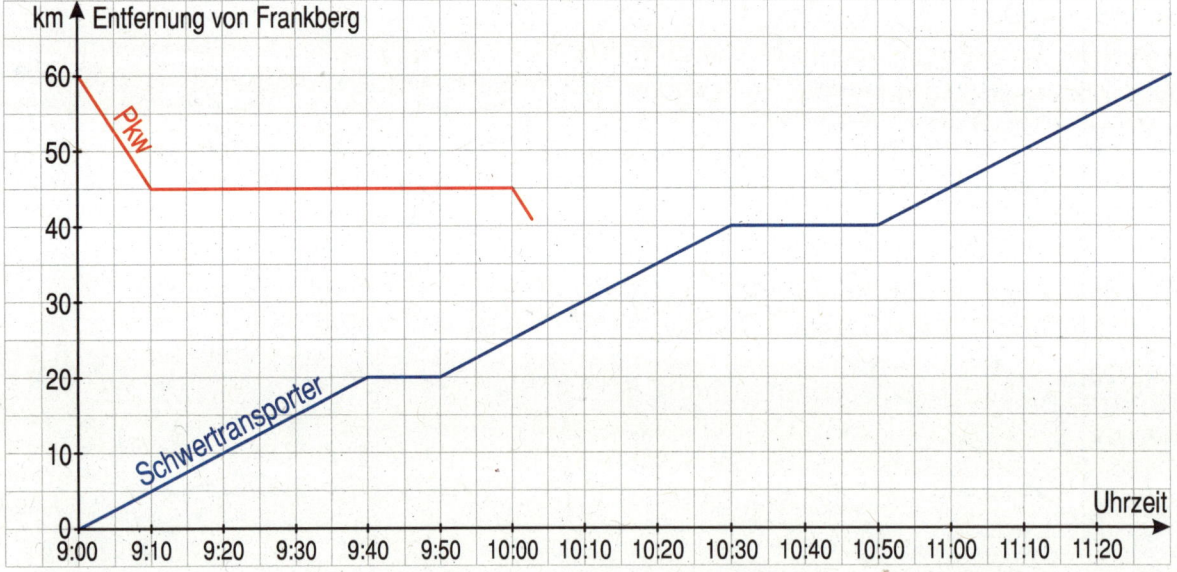

a) Ergänze die fehlenden Angaben zur Fahrt des Schwertransporters anhand des Schaubildes.

> Abfahrt war um _____ Uhr. Die erste Pause begann um _____ Uhr nach _____ km Fahrt.
>
> Sie dauerte _____ Minuten. Um 11:00 Uhr hatte der Transporter _____ km zurückgelegt.

b) Frau Pisani hält nach 10 Minuten Fahrt und kauft ein. Um 10:00 Uhr fährt sie mit der gleichen Geschwindigkeit wie vorher weiter. Vervollständige das Schaubild zur Fahrt des Pkw von Frau Pisani.

c) Lies im Schaubild ab, wie viel Kilometer von Frankberg entfernt Frau Pisani dem Schwertransporter begegnete. Wie viel Uhr war es dann?

A: _____

Lineare Funktionen

1. Ein Aquarium wird gereinigt. 30 l Wasser bleiben im Becken, der Rest wird ausgetauscht. In einer Minute werden 10 l Wasser hinzugefüllt.

a) Vervollständige die Tabelle und das Schaubild.

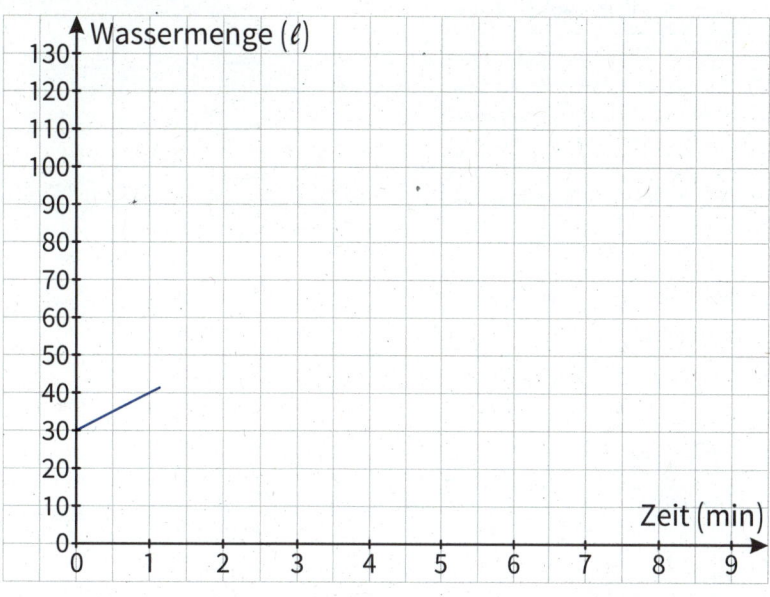

Wassermenge	
min	l
0	30
1	40
2	
3	
4	
5	
6	
7	
8	

b) Wie viel Liter Wasser sind nach 8 Minuten im Aquarium?

A: _____

2. Wasser fließt gleichmäßig in ein Aquarium. Vervollständige die Tabelle.

a)

Wassermenge	
min	l
0	25
1	35
2	45
3	

b)

Wassermenge	
min	l
0	30
1	35
2	40
10	

c)

Wassermenge	
min	l
0	40
1	48
2	56
4	

3. Ein Taxibetrieb erhebt eine Anfahrtsgebühr von 2,00 €. Für jeden gefahrenen Kilometer berechnet er 1,50 €. Vervollständige die Tabelle und erstelle das zugehörige Schaubild.

Kosten	
km	€
0	2,00
1	3,50
2	5,00
3	6,50
4	
5	
6	
7	

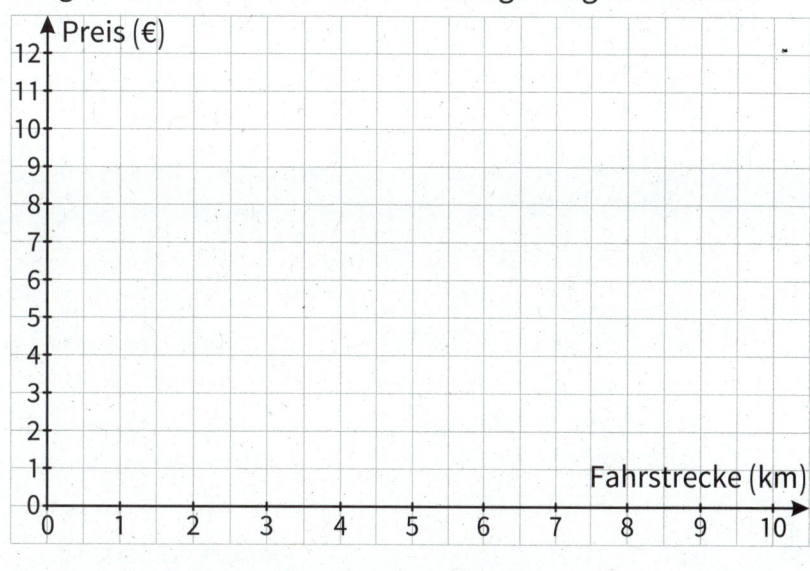

Lineare Funktionen

1. Ein Becken enthält 200 m³ Wasser. In jeder Stunde wird gleich viel Wasser abgepumpt. Lies im Schaubild ab, wie viel m³ Wasser noch im Becken sind. Vervollständige die Tabelle.

Wassermenge	
h	m³
0	200
1	175
2	
3	
4	
5	
6	
7	
8	

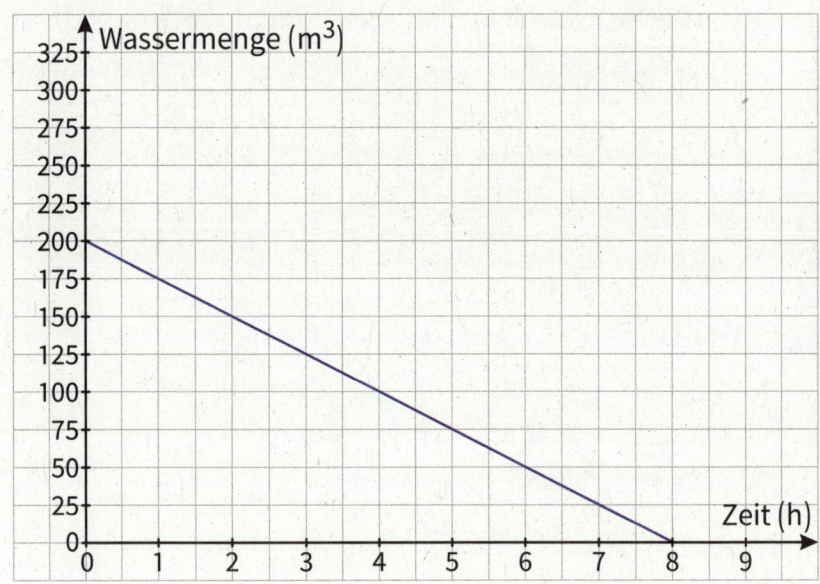

2. Ein Wasserbecken enthält 300 m³ Wasser. Zum Leeren des Beckens wird in jeder Stunde gleich viel Wasser abgepumpt. Vervollständige die Tabelle und das Schaubild.

Wassermenge	
h	m³
0	240
1	200
2	160
3	
4	
5	
6	

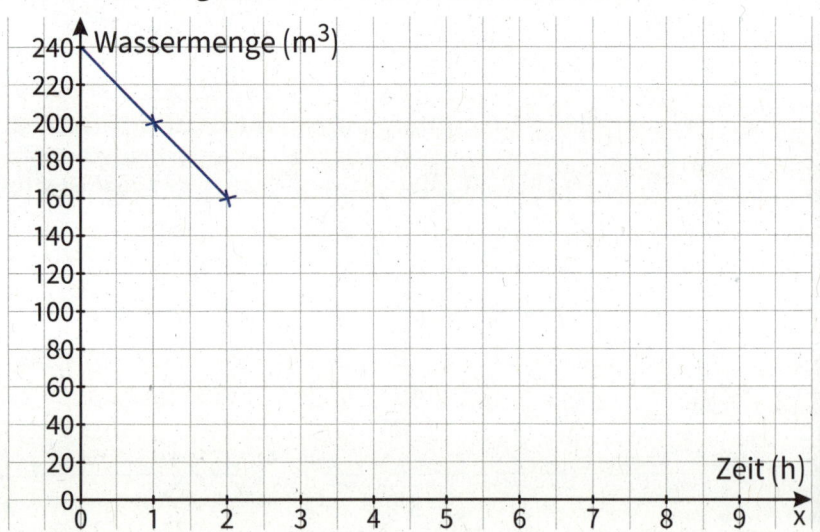

3. Zu jedem Schaubild gehört ein Text. Ordne zu.

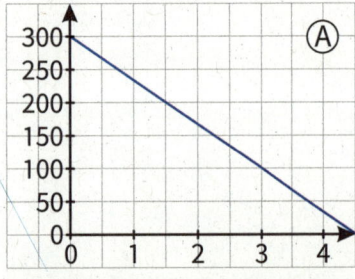 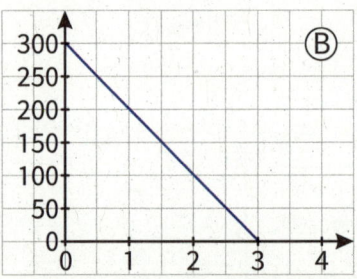 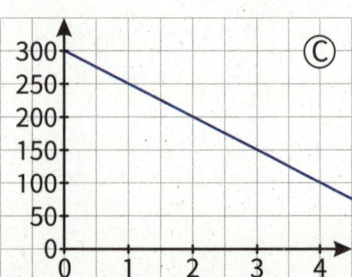

| Ein Öltank mit 300 m³ Öl wird leer gepumpt. Nach 4 Stunden sind noch 100 m³ Öl im Tank. | Ein Zoo hat einen Vorrat von 300 kg Kraftfutter. Nach 3 Wochen sind noch 100 kg übrig. | In einem Tank sind 300 ℓ Wasser. Das Wasser wird entnommen. Der Tank ist nach 3 Tagen leer. |

Gehört zu Schaubild ____.   Gehört zu Schaubild ____.   Gehört zu Schaubild ____.

Gleichungen lösen durch Umformen

1. Das unbekannte Gewicht x kannst du mit der Waage oder durch Lösen der Gleichung bestimmen. Zur Probe setzt du die gefundene Lösung in die Gleichung ein.

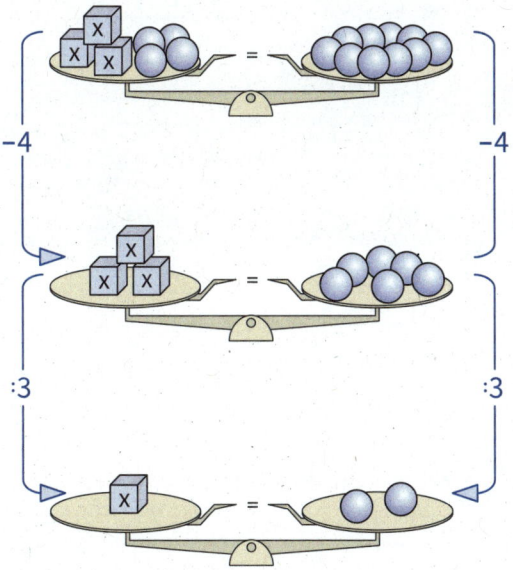

	3	x	+	4	=	1	0		–	4
		3	x	=	___				:	___
			x	=	___					
Probe:										
3	·	___	+	4	=	1	0			
		___	+	4	=	1	0			
		___		=	1	0				

> Zum Lösen einer Gleichung führst du auf beiden Seiten dieselben Rechnungen durch.

2. Bestimme die unbekannte Zahl durch Lösen der Gleichung. Mache die Probe.

a)
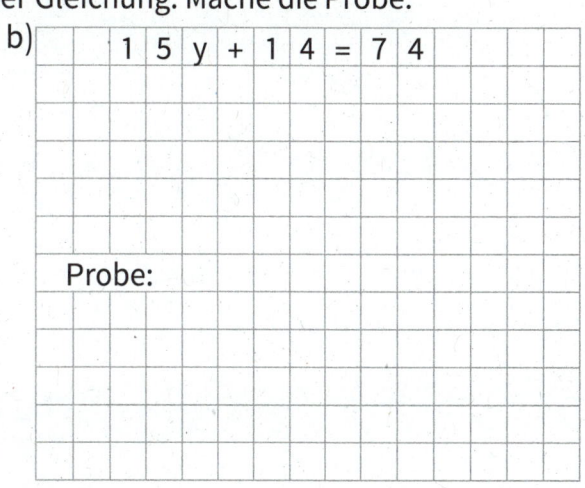

	9	a	+	1	2	=	3	0
Probe:								
9	·	___	+	1	2	=	3	0

b)

1	5	y	+	1	4	=	7	4

Probe:

3. Auch diese Gleichungen kannst du durch Umformen lösen.

a)
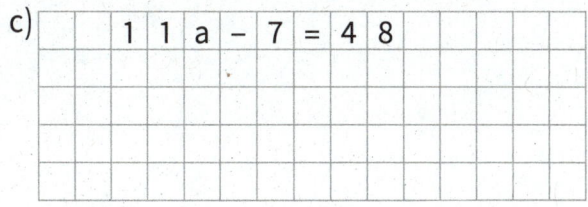

2	0	y	–	8	=	7	2

b)
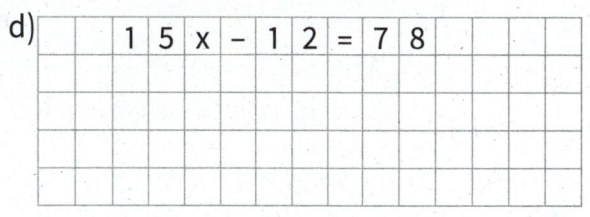

1	2	x	–	9	1	=	2	9

c)

1	1	a	–	7	=	4	8

d)

1	5	x	–	1	2	=	7	8

Gleichungen lösen durch Umformen

1. Löse die Gleichung. Das Ergebnis ist eine negative Zahl. Mache die Probe.

a)
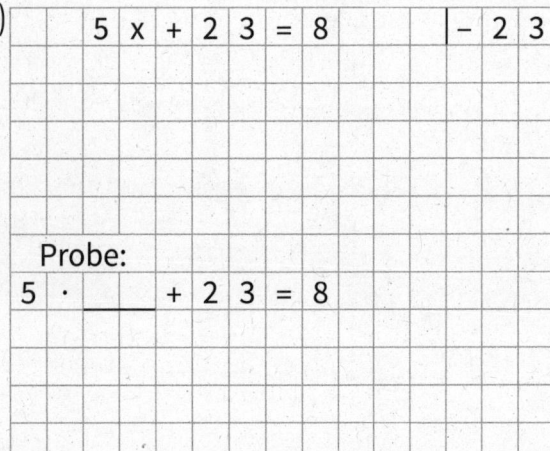

| | | 5 | x | + | 2 | 3 | = | 8 | | | | – | 2 | 3 |

Probe:

5 · ____ + 2 3 = 8

b)

| | 8 | y | + | 8 | 0 | = | 8 |

Probe:

2. Löse die Gleichung. Das Ergebnis kann eine negative Zahl sein. Mache die Probe.

a)
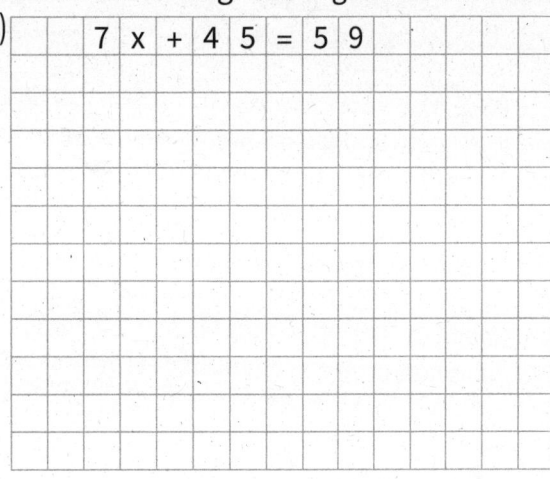

| | 7 | x | + | 4 | 5 | = | 5 | 9 |

b)

| | 1 | 1 | x | + | 2 | 5 | = | 3 |

3. Fasse zusammen, dann löse die Gleichung.

a)

| | 3 | x | + | 1 | 5 | + | 4 | x | – | 6 | = | 3 | 7 |

| | | | | | 7 | x | + | ___ | = | 3 | 7 |

b)

| | 2 | 1 | – | 4 | x | + | 3 | + | 6 | x | = | 3 | 8 |

4. Auch diese Gleichung kannst du lösen. Die Lösung ist keine ganze Zahl.

a)

| | 3 | x | + | 1 | 5 | = | 1 | 6 | | | | – | 1 | 5 |

| | | | 3 | x | = | 1 | | | | : | 3 |

b)

| | 5 | y | + | 2 | 2 | = | 2 | 4 |

c)

| | 4 | x | + | 2 | 5 | = | 2 | 8 |

d)
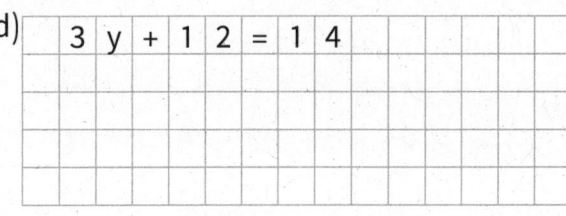

| | 3 | y | + | 1 | 2 | = | 1 | 4 |

Gleichungen lösen durch Umformen

1. Löse die Gleichung.

a)

| 4 | 2 | – | 7 | x | = | 7 | | | | + | 7 | x |

b)

| 5 | 2 | – | 6 | x | = | 4 |

2. Löse die Gleichung durch Umformen.

a)

| 9 | + | 6 | x | = | 4 | 1 | – | 2 | x | | + | 2 | x |

b)

| 5 | 8 | – | 3 | x | = | 4 | x | – | 5 |

c)

| 4 | + | 3 | x | = | 7 | 0 | – | 3 | x |

d)

| 3 | 9 | – | 5 | x | = | 2 | x | + | 4 |

3. Zum Zahlenrätsel wird eine Gleichung aufgestellt. Löse die Gleichung.

Vom Vierfachen einer Zahl subtrahiere ich 8. Das Ergebnis ist das Doppelte meiner Zahl.

die Zahl	x
das Vierfache der Zahl	4x
davon 8 subtrahieren	4x – 8
das Doppelte der Zahl	2x

Gleichung: 4x – 8 = 2x

4. Löse das Zahlenrätsel mit Hilfe einer Gleichung.

a) Vom Sechsfachen einer Zahl subtrahiere ich 12. Das Ergebnis ist das Dreifache der Zahl.

b) Zum Siebenfachen einer Zahl addiere ich 18. Das Ergebnis ist das Zehnfache der Zahl.

c) Von 51 subtrahiere ich das Doppelte einer Zahl. Ich erhalte die Summe aus dem Fünffachen der Zahl und 2.

Gleichungen zum Lösen von Sachaufgaben

1. Stelle eine Gleichung auf. Löse die Gleichung. Schreibe einen Antwortsatz.

a)

Eintritt für ein Kind	x
Eintritt für 4 Kinder	4x
Eintritt für alle	4x +

Gleichung: 4x + 6 = _____

A: _____

b)

Eintritt für ein Kind	
Eintritt für 3 Kinder	
Eintritt für alle	

Gleichung: _____

A: _____

2. Welche der vier Gleichungen gehört zum Text? Löse sie. Schreibe einen Antwortsatz.

3x + 6 = 15	6x − 3 = 15	3x − 6 = 15	6x + 3 = 15

a)
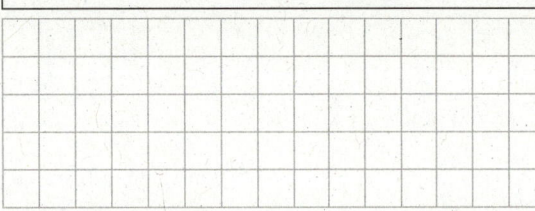
Frau Lieb kauft 6 Tassen und eine Schüssel, die 3 € kostet. An der Kasse bezahlt sie insgesamt 15 €. Wieviel Euro kostet eine Tasse?

A: _____

b)

Herr Alt kauft Handtücher, das Stück für 6 €. Er kann einen Gutschein über 3 € einlösen. Daher muss er nur 15 € bezahlen. Wie viele Handtücher kauft er?

A: _____

3. Löse die Aufgabe mit Hilfe einer Gleichung. Schreibe einen Antwortsatz.

Frau Arp kauft für die Jugendabteilung des Sportvereins 4 Paar Socken zu je 9 € und 4 T-Shirts. An der Kasse bezahlt sie insgesamt genau 80 €. Wie viel Euro kostet ein T-Shirt?

A: _____

Gleichungen in der Geometrie

1. In jedem Dreieck beträgt die Winkelsumme 180°. Bestimme x. Gib die Winkel α, β, γ an.

a)
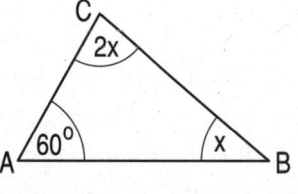

b)
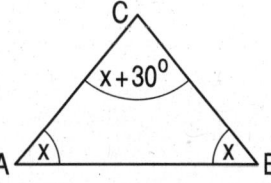

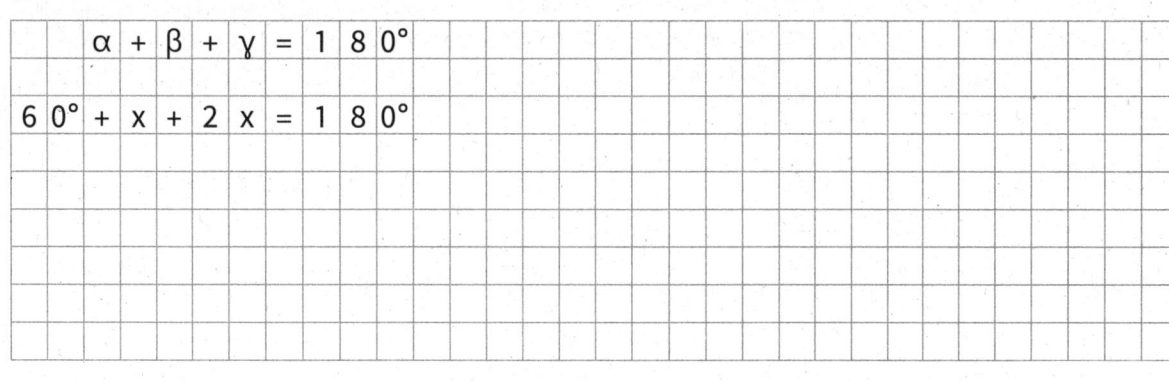

α = _____°, β = _____°, γ = _____°   α = _____°, β = _____°, γ = _____°

2. Der Umfang des Dreiecks ist angegeben. Bestimme x. Gib die Seitenlängen a, b, c an.

a) u = 21 cm
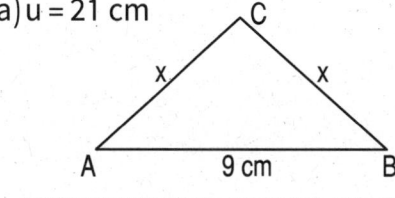

b) u = 24 cm
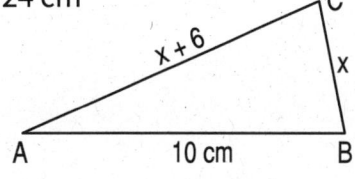

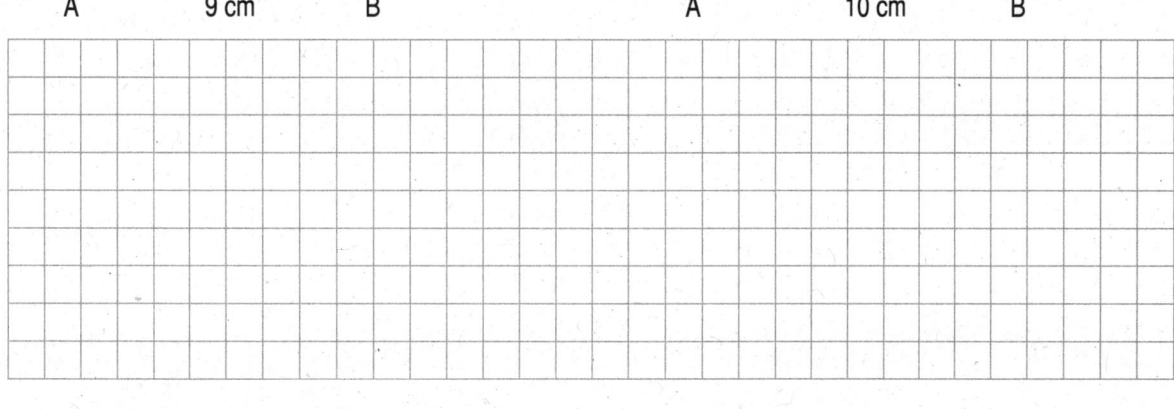

a = _____ cm, b = _____ cm, c = _____ cm   a = _____ cm, b = _____ cm, c = _____ cm

3. Der Flächeninhalt ist angegeben. Bestimme die Länge der Grundseite g oder der Höhe h.

a) A = 30 cm²
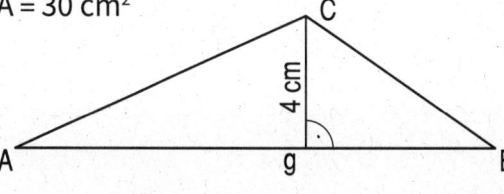

b) A = 24 cm²
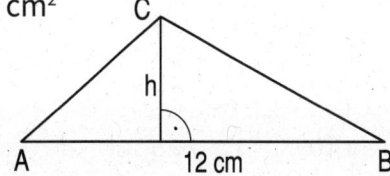

$$A = \frac{g \cdot h}{2}$$
$$30 = \frac{g \cdot 4}{2}$$

Grundseite g = _____ cm   Höhe h = _____ cm

Gleichungen in der Geometrie

1. Der Umfang der Figur beträgt 36 cm. Bestimme die Länge x mit einer Gleichung.

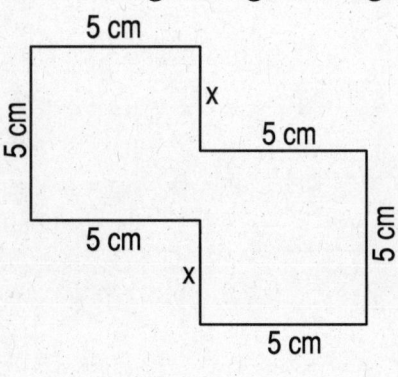

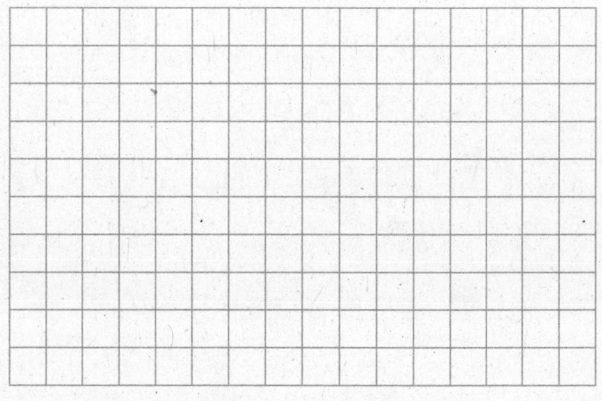

x = _____ cm

2. Der Umfang der Figur beträgt 60 cm. Bestimme die Länge x mit einer Gleichung.

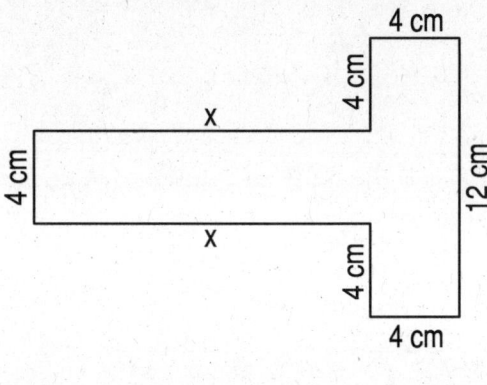

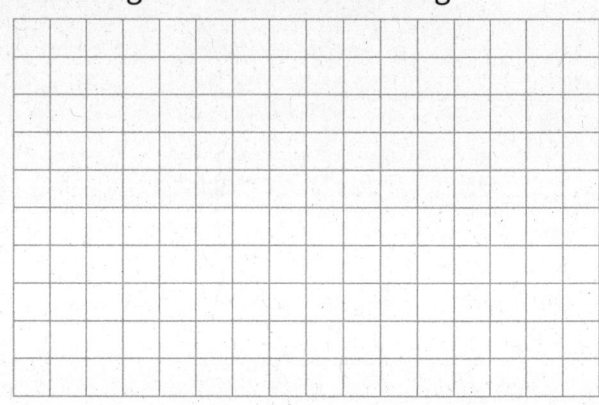

x = _____ cm

3. Das Rechteck hat den Umfang 80 cm. Die Länge a ist 10 cm größer als die Breite b. Bestimme die Seitenlängen des Rechtecks mit einer Gleichung.

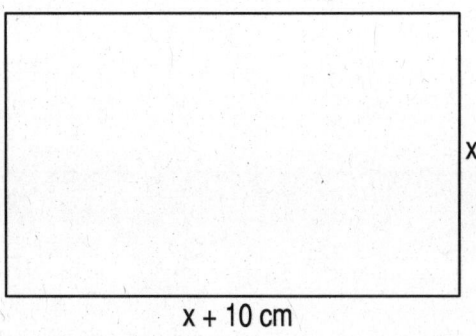

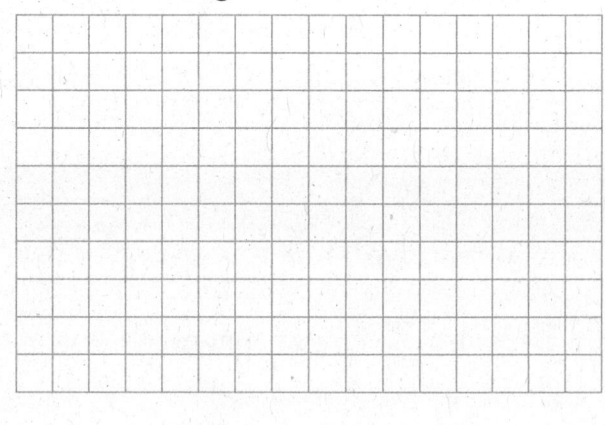

a = _____ cm,   b = _____ cm

4. Der Umfang eines Dreiecks beträgt 22 cm. Die Seite b ist 4 cm länger als die Seite a. Die Seite c ist 6 cm länger als die Seite a. Ergänze die Skizze, dann bestimme die Seitenlängen des Dreiecks.

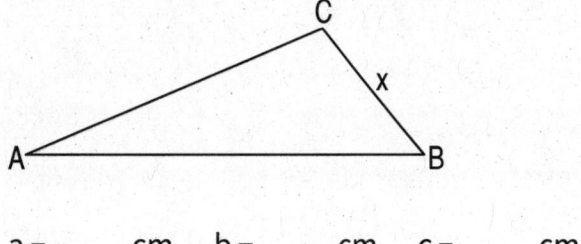

a = _____ cm,   b = _____ cm,   c = _____ cm

Rechnen mit Formeln

1. Berechne die Länge der Grundseite g des Parallelogramms mithilfe der Formel.
Flächeninhalt: $A = g \cdot h$

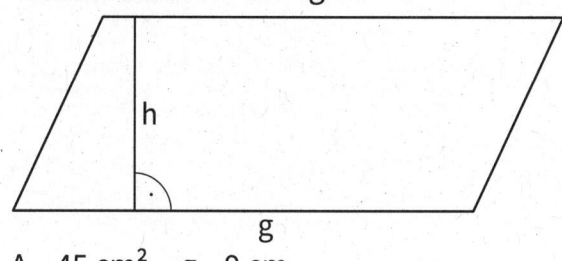

$A = 45 \text{ cm}^2$ $g = 9 \text{ cm}$

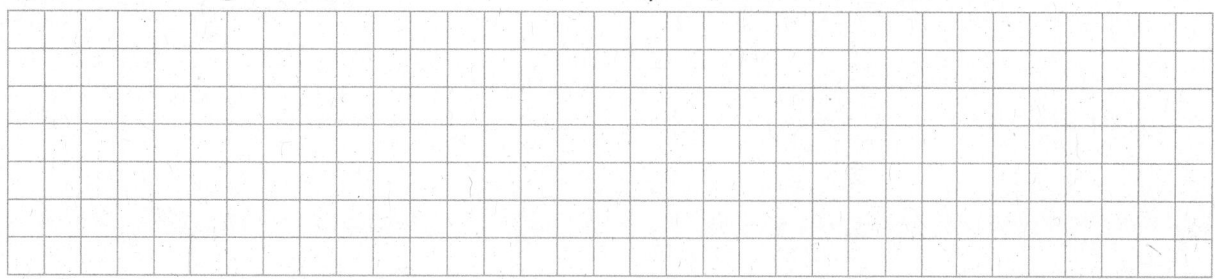

A	=	g	·	h		
4 5	=	g	·	h		:9
	__	=	h			
h	=	__	cm			

2. Berechne die Länge der Grundseite g oder der Höhe h des Parallelogramms.
  a) $A = 66 \text{ cm}^2$ $g = 11 \text{ cm}$ b) $A = 60 \text{ cm}^2$ $h = 5 \text{ cm}$

3. Berechne die Länge der Seite a des Rechtecks mithilfe der Formel.
Umfang: $u = 2 \cdot a + 2 \cdot b$

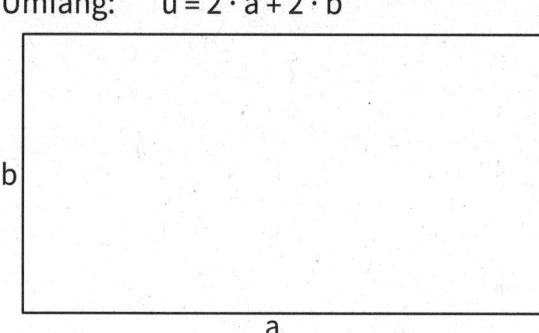

$u = 24 \text{ cm}$ $b = 8 \text{ cm}$

u	=	2	·	a	+	2	·	b		
2 4	=	2	·	a	+	2	·	8		
2 4	=	2	·	a	+	1 6				−1 6
8	=	2	·	a						:2
	__	=	a							
a	=	__	cm							

4. Berechne die Länge der Seite a oder der Seite b des Rechtecks.
  a) $u = 60 \text{ cm}$ $b = 12 \text{ cm}$ b) $u = 36 \text{ cm}$ $a = 7 \text{ cm}$

Vermischte Übungen

1. Welcher Text passt zum Schaubild? Ordne zu.

(1) Je größer die Wohnung, desto höher die Miete.

(2) Der Wasserpegel steigt zuerst, dann fällt er.

(3) Je mehr Teilnehmer, desto niedriger die Kosten.

(A)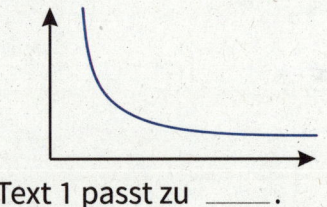

(B)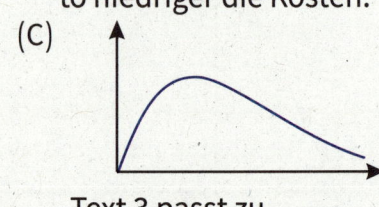

(C)

Text 1 passt zu _____ .

Text 2 passt zu _____ .

Text 3 passt zu _____ .

2. Löse die Gleichung. Die Lösung ist nicht immer eine ganze Zahl.

a)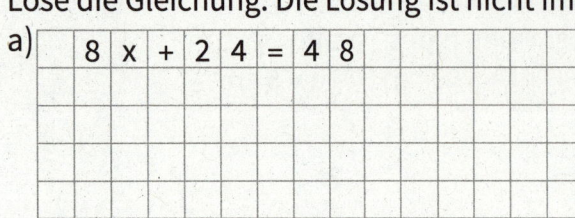
$$8x + 24 = 48$$

b)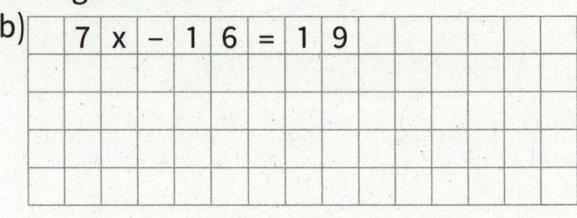
$$7x - 16 = 19$$

c)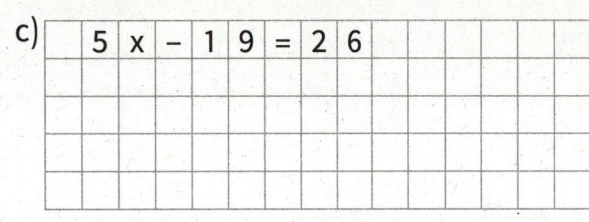
$$5x - 19 = 26$$

d)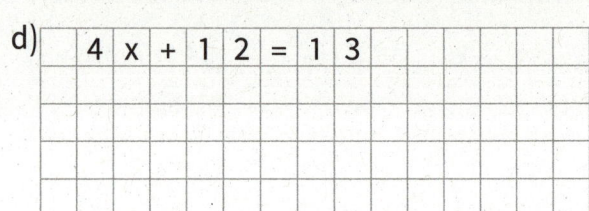
$$4x + 12 = 13$$

3. Fasse zusammen, dann löse die Gleichung.

a)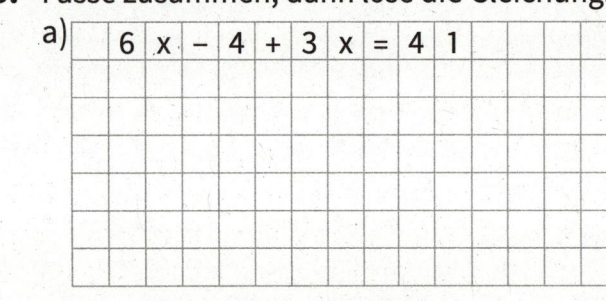
$$6x - 4 + 3x = 41$$

b)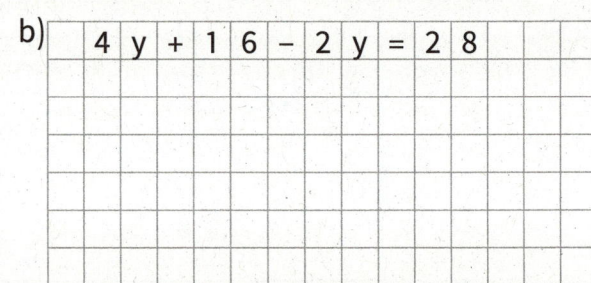
$$4y + 16 - 2y = 28$$

c)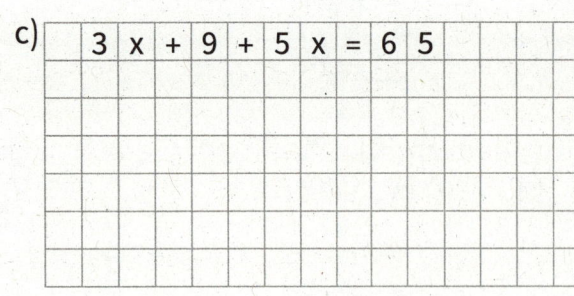
$$3x + 9 + 5x = 65$$

d)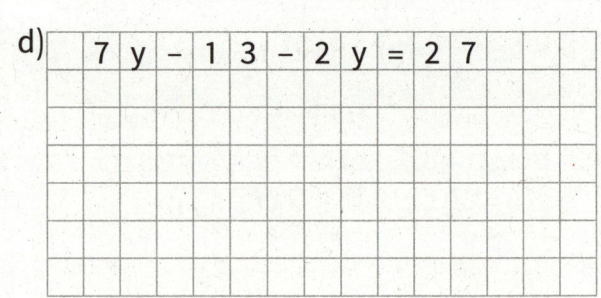
$$7y - 13 - 2y = 27$$

4. Das Rechteck hat den Umfang 200 cm. Die Länge a ist 30 cm größer als die Breite b. Bestimme die Seitenlängen des Rechtecks mit einer Gleichung.

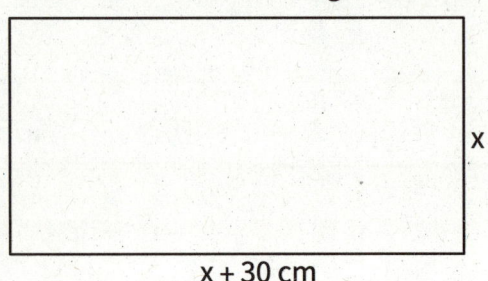

x

x + 30 cm

a = _____ cm,   b = _____ cm

3 Potenzen und Wurzeln

1. Schreibe die Potenz ausführlich und berechne.

a) $2^4 = 2 \cdot 2 \cdot 2 \cdot 2 = $ _____   b) $7^2 = $ _____ $= $ _____   c) $4^3 = $ _____ $= $ _____

d) $5^3 = $ _____ $= $ _____   e) $8^2 = $ _____ $= $ _____   f) $10^3 = $ _____ $= $ _____

2. Immer drei Karten gehören zusammen. Färbe sie mit der gleichen Farbe.

$1 \cdot 1 \cdot 1 \cdot 1 \cdot 1 \cdot 1$	$6 \cdot 6$	$2 \cdot 2 \cdot 2 \cdot 2 \cdot 2 \cdot 2$	$3 \cdot 3 \cdot 3$
36	64	27	1
3^3	6^2	1^6	2^6

3. In einem Märchen wachsen Seerosen auf einem Teich. Die bedeckte Fläche verdoppelt sich von Tag zu Tag. Wie groß ist die Fläche nach 5 Tagen? Vervollständige die Tabelle.

	Fläche (m²)	Potenz
Heute	1	2^0
Nach 1 Tag	2	2^1
Nach 2 Tagen	4	
Nach 3 Tagen		
Nach 4 Tagen		
Nach 5 Tagen		

Heute ist 1 m² bedeckt.

A: _____

> Eine Potenz mit der Hochzahl 0 hat immer den Wert 1. $5^0 = 1$ $13^0 = 1$

4. Ergänze die fehlende Zahl.

a) $4 = 2^{\boxed{}}$ b) $27 = 3^{\boxed{}}$ c) $\boxed{}^2 = 81$ d) $\boxed{}^1 = 7$ e) $8^1 = \boxed{}$

f) $16 = 4^{\boxed{}}$ g) $49 = 7^{\boxed{}}$ h) $\boxed{}^3 = 1$ i) $\boxed{}^3 = 8$ j) $6^0 = \boxed{}$

5. Setze ein: <, > oder =.

a) $3 \cdot 2 \;\boxed{}\; 3^2$ b) $4^2 \;\boxed{}\; 2^4$ c) $2^2 \;\boxed{}\; 5^1$ d) $2^3 \;\boxed{}\; 2 \cdot 3$ e) $4^2 \;\boxed{}\; 9$

Zehnerpotenzen

1. Schreibe ausführlich und berechne.

a) $10^5 = 10 \cdot 10 \cdot 10 \cdot 10 \cdot 10 =$ _____   b) $10^3 =$ _____ = _____

c) $10^4 =$ _____ = _____   d) $10^2 =$ _____ = _____

> Bei einer Zehnerpotenz gibt die Hochzahl die Anzahl der Nullen an. $10^4 = 10\,000$

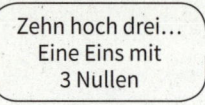

Zehn hoch drei...
Eine Eins mit
3 Nullen

Zehnerpotenz	Zahl	Zahlwort	Abkürzung
10^3		Tausend	Tsd.
	1 000 000	Million	Mio.
10^9		Milliarde	Mrd.
	1 000 000 000 000	Billion	Bio.

2. Schreibe die Zahl als Zehnerpotenz.

a) $100\,000 =$ _____   b) $10\,000\,000 =$ _____   c) $100\,000\,000 =$ _____

3. Schreibe mit einer Zehnerpotenz.

a) $800\,000 = 8 \cdot 100\,000 = 8 \cdot 10^{\square}$ b) $40\,000 = 4 \cdot$ _____ $= 4 \cdot$ _____

c) $3\,000\,000 =$ _____ = _____   d) $8\,000 =$ _____ = _____

4. In Deutschland lebten 2014 viele Haustiere. Schreibe die Zahlen mit allen Nullen und mit einer Zehnerpotenz.

a) Anzahl aller Haustiere

31 Mio. $= 31\,000\,000 = 31 \cdot 10^{\square}$

b) Anzahl der Katzen

11 Mio. = _____ = _____

c) Anzahl der Hunde

7 Mio. = _____ = _____

d) Anzahl neugeborener Hunde

77 Tsd. = _____ = _____

5. Immer drei Karten gehören zusammen. Färbe sie mit der gleichen Farbe.

700	70 000	7 000 000 000	7 000 000
siebzigtausend	7 Millionen	siebenhundert	7 Milliarden
$7 \cdot 10^6$	$7 \cdot 10^9$	$7 \cdot 10^4$	$7 \cdot 10^2$

6. Hier stehen weitere Zahlen für das Jahr 2014. Ergänze jeweils die Hochzahl.

a)
Für Haustierbedarf wurden ungefähr 4 Mrd. € bezahlt.

Das sind $4 \cdot 10^{\square}$ €.

b)
In Berlin lebten ungefähr 100 000 Hunde.

Das sind $10^{\square}$ Hunde.

c)
In München lebten ungefähr 30 000 Hunde.

Das sind $3 \cdot 10^{\square}$ Hunde.

Zehnerpotenzen

1. Die Speicherkapazität von Computern wird in der Maßeinheit Byte angegeben.
   Vervollständige die Tabelle.

Bezeichnung	Symbol	Zahl	Zehnerpotenz
Byte	1 B	1	10^0
Kilobyte	1 kB = Tausend Byte	1 000	
Megabyte	1 MB = 1 Million Byte		10^6
Gigabyte	1 GB = 1 Milliarde Byte		
Terabyte	1 TB = 1 Billion Byte	1 000 000 000 000	

2. Immer drei Karten gehören zusammen. Färbe sie mit der gleichen Farbe.

Passfoto 50 kB	Spielfilm 5 GB	Musik-CD 500 MB	Zeitung 500 kB
500 000 000 Byte	500 000 Byte	50 000 Byte	5 000 000 000 Byte
$5 \cdot 10^9$ Byte	$5 \cdot 10^4$ Byte	$5 \cdot 10^8$ Byte	$5 \cdot 10^5$ Byte

3. Kleine positive Zahlen kannst du als Bruch mit einer Zehnerpotenz im Nenner schreiben.
   Vervollständige die Tabelle.

Zahlwort	Bruch	Mit Zehnerpotenz	Dezimalzahl
1 Zehntel	$\frac{1}{10}$	$\frac{1}{10^1}$	0,1
1 Hundertstel	$\frac{1}{100}$	$\frac{1}{10^2}$	0,01
1 Tausendstel		$\frac{1}{10^3}$	0,001
1 Zehntausendstel	$\frac{1}{10\,000}$		0,000 1
1 Hunderttausendstel		$\frac{1}{10^5}$	
1 Millionstel	$\frac{1}{1\,000\,000}$		0,000 001

4. Immer drei Karten gehören zusammen. Färbe sie mit der gleichen Farbe.

Dicke eines Haares 0,1 mm	Länge einer Pflanzenzelle 0,01 mm	Dicke eines Spinnwebfadens 0,001 mm	Dicke eines Virus 0,000 1 mm
$\frac{1}{1\,000}$ mm	$\frac{1}{10\,000}$ mm	$\frac{1}{100}$ mm	$\frac{1}{10}$ mm
$\frac{1}{10^4}$ mm	$\frac{1}{10^1}$ mm	$\frac{1}{10^2}$ mm	$\frac{1}{10^3}$ mm

Quadratwurzeln

1. Ergänze die fehlende Zahl.

a) $3^2 = \boxed{}$ b) $\boxed{}^2 = 25$ c) $4^2 = \boxed{}$ d) $\boxed{}^2 = 64$ e) $\boxed{}^2 = 36$

> Die Quadratwurzel ($\sqrt{}$) aus einer Zahl ergibt mit sich selbst multipliziert diese Zahl. $\sqrt{16} = 4$, denn $4^2 = 16$

2. Trage die fehlenden Zahlen ein.

a) $\sqrt{9} = \underline{\hspace{1.5cm}}$, denn $\underline{\hspace{1.5cm}}^2 = 9$

b) $\sqrt{49} = \underline{\hspace{1.5cm}}$, denn $\underline{\hspace{1.5cm}}^2 = \underline{\hspace{1.5cm}}$

c) $\sqrt{81} = \underline{\hspace{1.5cm}}$, denn $\underline{\hspace{1.5cm}}^2 = \underline{\hspace{1.5cm}}$

d) $\sqrt{100} = \underline{\hspace{1.5cm}}$, denn $\underline{\hspace{1.5cm}}^2 = \underline{\hspace{1.5cm}}$

3. Ein Blumenbeet ist 8 m lang und 4,50 m breit. Die Fläche eines quadratischen Gemüsebeets ist so groß wie die Fläche des Blumenbeets. Ergänze die fehlenden Zahlen.

Blumenbeet

Länge: _____   Breite: _____

Flächeninhalt: _____

Gemüsebeet

Flächeninhalt: _____

Länge einer Seite: _____

4. Welche Zahl ist der auf Zehntel gerundete Wert der Quadratwurzel? Kreuze an.

a) $\sqrt{10}$ ◯ 2,5 ◯ 3,2   b) $\sqrt{15}$ ◯ 3,9 ◯ 4,5   c) $\sqrt{99}$ ◯ 9,9 ◯ 10,1

5. Ein Rechteck und ein Quadrat haben den gleichen Flächenhalt. Wie lang sind die Seiten des Quadrats? Rechne mit dem Taschenrechner. Runde auf Millimeter.

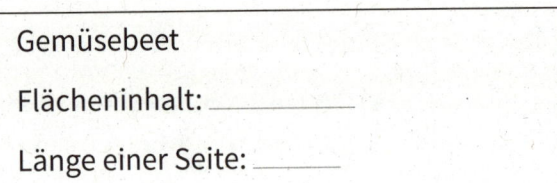

Rechteck	a) Länge: 5 cm Breite: 4 cm	b) Länge: 4 cm Breite: 8 cm	c) Länge: 8 cm Breite: 9 cm
	$A = 5\,\text{cm} \cdot 4\,\text{cm}$	$A = \underline{\hspace{1cm}}\,\text{cm} \cdot \underline{\hspace{1cm}}\,\text{cm}$	$A = \underline{\hspace{1cm}}\,\text{cm} \cdot \underline{\hspace{1cm}}\,\text{cm}$
	$A = 20\,\text{cm}^2$	$A = \underline{\hspace{1.5cm}}\,\text{cm}^2$	$A = \underline{\hspace{1.5cm}}\,\text{cm}^2$
Quadrat	$A = 20\,\text{cm}^2$	$A = \underline{\hspace{1.5cm}}\,\text{cm}^2$	$A = \underline{\hspace{1.5cm}}\,\text{cm}^2$
	$A = a^2$	$A = a^2$	$A = a^2$
	$20 = a^2$	$\underline{\hspace{1.5cm}} = a^2$	$\underline{\hspace{1.5cm}} = a^2$
	$a = \sqrt{20}$	$a = \underline{\hspace{1.5cm}}$	$a = \underline{\hspace{1.5cm}}$
	$a = \underline{\hspace{1.5cm}}$	$a = \underline{\hspace{1.5cm}}$	$a = \underline{\hspace{1.5cm}}$
	$a = \underline{\hspace{1cm}}\,\text{cm}$	$a = \underline{\hspace{1cm}}\,\text{cm}$	$a = \underline{\hspace{1cm}}\,\text{cm}$

Kubikwurzeln

1. Berechne das Volumen des Würfels.

Rechnung: $5 \cdot 5 \cdot 5 =$ _____

Potenz: $5 \cdot 5 \cdot 5 = 5^3 =$ _____

Volumen: _____ cm³

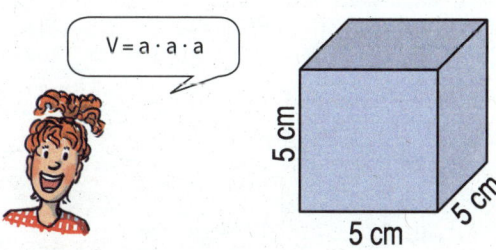

$V = a \cdot a \cdot a$

5 cm

5 cm

5 cm

2. Das Volumen des Würfels mit der angegebenen Kantenlänge soll berechnet werden. Vervollständige die Tabelle.

Kantenlänge	a) 2 cm	b) 3 cm	c) 4 cm	d) 5 cm
Rechnung	___ · ___ · ___			
Potenz	2^3			
Volumen	___ cm³			

3. Ein Würfel hat das Volumen 27 cm³. Wie groß ist seine Kantenlänge? Die Tabelle hilft dir.

A: _____

> Die Kubikwurzel ($\sqrt[3]{}$) aus einer Zahl ergibt dreimal mit sich selbst multipliziert diese Zahl. $\quad\sqrt[3]{8} = 2$, denn $2^3 = 8$

4. Trage die fehlenden Zahlen ein.

a) $\sqrt[3]{64} =$ _____ , denn _____ $^3 =$ _____ · _____ · _____ $= 64$

b) $\sqrt[3]{27} =$ _____ , denn _____ $^3 =$ _____ · _____ · _____ $=$ _____

c) $\sqrt[3]{125} =$ _____ , denn _____ $^3 =$ _____ · _____ · _____ $=$ _____

5. Nur zwei Aussagen sind wahr. Kreuze die wahren Aussagen an.

$\sqrt[3]{1} = 1$	$\sqrt[3]{81} = 3$	$\sqrt[3]{15} = 5$	$\sqrt[3]{1\,000} = 10$
◯	◯	◯	◯

Zahl	125	216	343	512	729	1000
Kubikwurzel ($\sqrt[3]{}$)	5	6	7	8	9	10

$\sqrt[3]{125} = 5$, denn $5^3 = 125$

6. Das Volumen des Würfels ist angegeben. Die Kantenlänge des Würfels kannst du der Tabelle entnehmen. Berechne den Flächeninhalt einer Seitenfläche.

a)

V = 343 cm³

$a = \sqrt[3]{343}$

$a =$ _____

$A = a \cdot a$

$A =$ _____

$A =$ _____ cm²

b)

V = 512 cm³

$a = \sqrt[3]{\text{_____}}$

$a =$ _____

$A =$ _____

$A =$ _____

$A =$ _____ cm²

Vermischte Übungen

1. Schreibe die Potenz ausführlich und berechne.

a) $9^2 =$ _____ = _____   b) $5^3 =$ _____ = _____   c) $2^4 =$ _____ = _____

d) $3^3 =$ _____ = _____   e) $4^2 =$ _____ = _____   f) $3^4 =$ _____ = _____

2. Ergänze die fehlende Zahl.

a) $8 = 2^{\square}$ b) $9 = 3^{\square}$ c) $\square^2 = 16$ d) $\square^1 = 5$ e) $7^1 = \square$

f) $16 = 2^{\square}$ g) $64 = 8^{\square}$ h) $\square^3 = 1$ i) $\square^3 = 27$ j) $8^0 = \square$

3. Schreibe die Zahl als Zehnerpotenz.

a) $10\,000 =$ _____   b) $1\,000\,000 =$ _____   c) $1\,000\,000\,000 =$ _____

4. Schreibe mit einer Zehnerpotenz.

a) $500\,000 = 5 \cdot 100\,000 = 5 \cdot 10^{\square}$ b) $90\,000 =$ _____ = _____

c) $7\,000\,000 =$ _____ = _____   d) $6\,000 =$ _____ = _____

5. Ein Quadrat hat den Flächeninhalt 36 cm². Wie lang ist eine Seite des Quadrats?

A: _____

6. a) $\sqrt{25} =$ _____   b) $\sqrt{49} =$ _____   c) $\sqrt{81} =$ _____   d) $\sqrt{100} =$ _____   e) $\sqrt{4} =$ _____

7. Ein Weg im Stadtpark ist 54 m lang und 1,50 m breit. Der Weg wird mit Platten belegt. Ebenso viele Platten werden zum Belegen einer quadratischen Aussichtsplattform benötigt. Wie lang ist eine Seite der Aussichtsplattform?

Weg	Aussichtsplattform
Länge: _____ Breite: _____	Flächeninhalt: _____
Flächeninhalt: _____	Länge einer Seite: _____

8. Trage die fehlenden Zahlen ein.

a) $\sqrt[3]{8} =$ _____ , denn _____ $^3 =$ _____ · _____ · _____ = 8

b) $\sqrt[3]{125} =$ _____ , denn _____ $^3 =$ _____ · _____ · _____ = _____

c) $\sqrt[3]{1\,000} =$ _____ , denn _____ $^3 =$ _____ · _____ · _____ = _____

9. Ein Würfel hat das Volumen 64 cm³. Wie groß ist seine Kantenlänge?

A: _____

4 Flächen und Körper

1. Berechne und vergleiche den Flächeninhalt der drei Figuren.
Kreuze die richtige Aussage an.

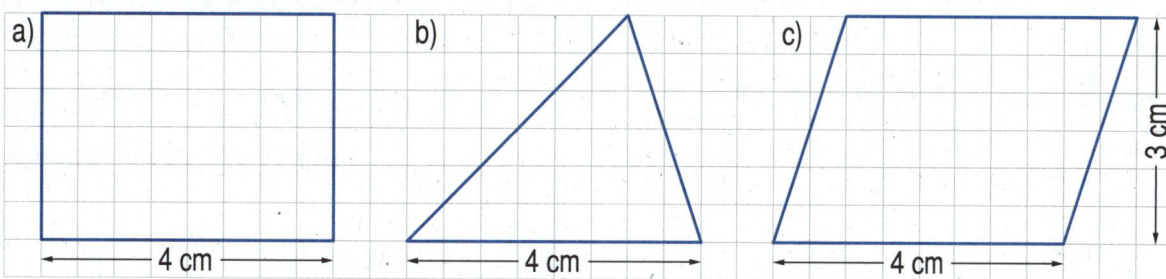

a) A = _____

A = _____

A = _____

b) A = _____

A = _____

A = _____

c) A = _____

A = _____

A = _____

◯ Wenn Grundseite g und Höhe h von Parallelogramm und Dreieck gleich lang sind,
dann ist auch ihr Flächeninhalt gleich groß.

◯ Wenn Grundseite g und Höhe h von Parallelogramm und Dreieck gleich lang sind,
dann ist der Flächeninhalt des Parallelogramms doppelt so groß wie der des Dreiecks.

2. Hier siehst du ein Rechteck, das aus einem Dreieck und einem Trapez zusammengesetzt ist.
Bestimme den Flächeninhalt des Rechtecks und den Flächeninhalt von Dreieck und Trapez.

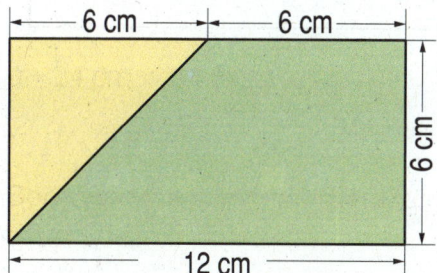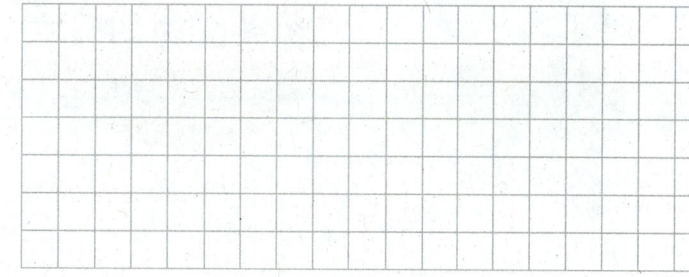

Rechteck: A = _____   Dreieck: A = _____   Trapez: A = _____

3. Der Flächeninhalt eines kleinen Quadrates ist angegeben. Berechne den Flächeninhalt
und den Umfang des Rechtecks.

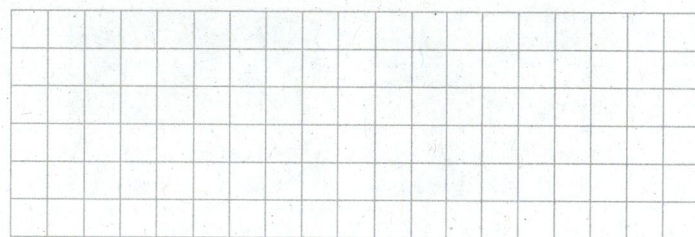

A = _____   u = _____

Berechnungen am Kreis

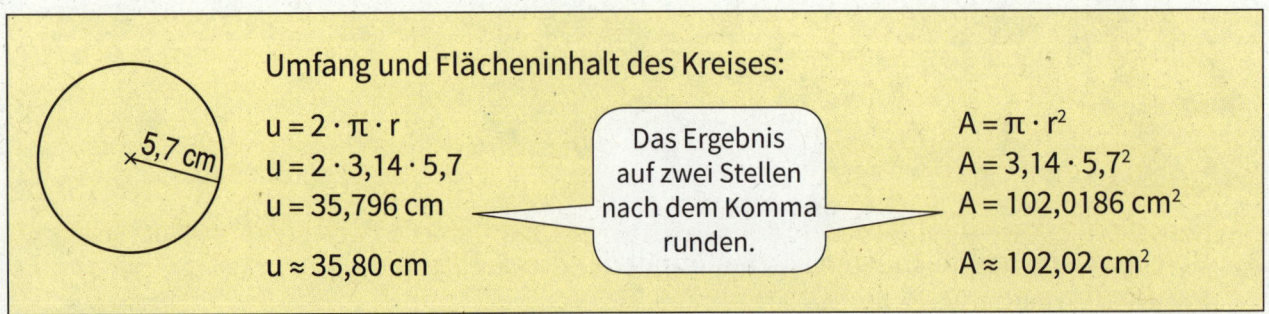

Umfang und Flächeninhalt des Kreises:

5,7 cm

$u = 2 \cdot \pi \cdot r$
$u = 2 \cdot 3,14 \cdot 5,7$
$u = 35,796$ cm

$u \approx 35,80$ cm

Das Ergebnis auf zwei Stellen nach dem Komma runden.

$A = \pi \cdot r^2$
$A = 3,14 \cdot 5,7^2$
$A = 102,0186$ cm²

$A \approx 102,02$ cm²

1. Der Radius oder der Durchmesser des Kreises sind angegeben.
Berechne den Umfang und den Flächeninhalt. Runde auf 2 Stellen nach dem Komma.

a)

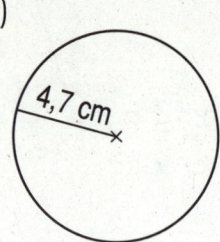
4,7 cm

u = _____   A = _____

u = _____   A = _____

u = _____   A = _____

u = _____   A = _____

b)

6,3 cm

u = _____   A = _____

u = _____   A = _____

u = _____   A = _____

u = _____   A = _____

2. Berechne den Flächeninhalt des Werbeschildes.
a) Kreis   b) Halbkreis

r = 12 cm   r = 21 cm

A = _____   A = _____

3. Berechne den Umfang des Rohrs.
a) Kanalrohr   b) Schachtring

r = 90 cm   d = 2,10 m

u = _____   u = _____

Zusammengesetzte Figuren

1. Berechne den Flächeninhalt der farbigen Figur.

a)

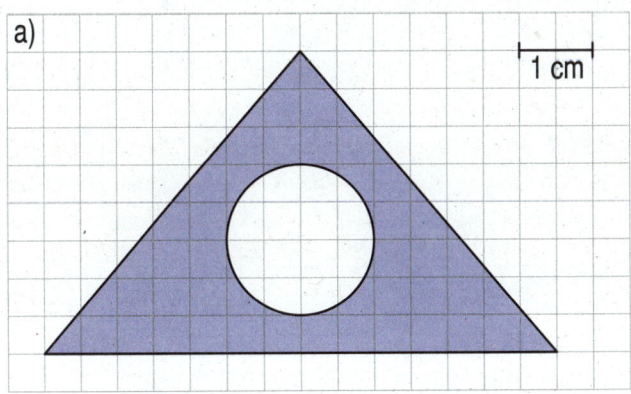

A = _____

b)

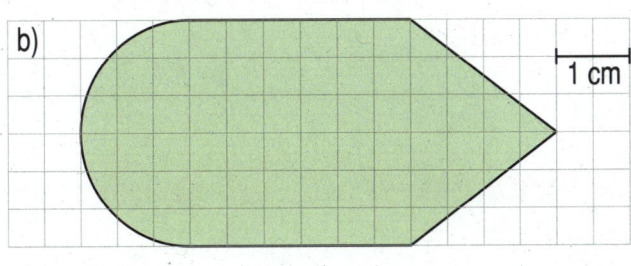

A = _____

2. Wie viel cm² Blech werden für das Werbeschild benötigt?

a)

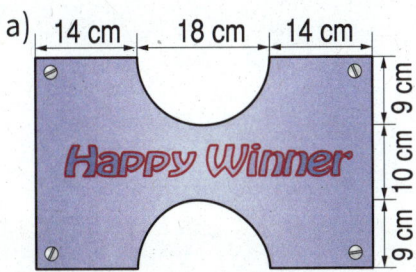

A = _____

b)

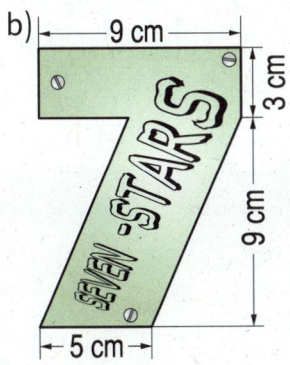

A = _____

Satz des Pythagoras

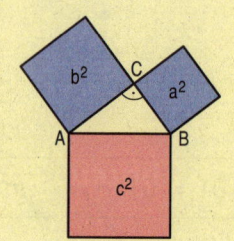

Für jedes rechtwinklige Dreieck gilt:

Die Quadrate über den beiden kurzen Seiten sind zusammen so groß wie das Quadrat über der längsten Seite.

Satz des Pythagoras: $a^2 + b^2 = c^2$

1. In einem rechtwinkligen Dreieck sind die beiden kurzen Seiten a und b gegeben. Berechne die längste Seite c mit dem Satz des Pythagoras $a^2 + b^2 = c^2$.

a)

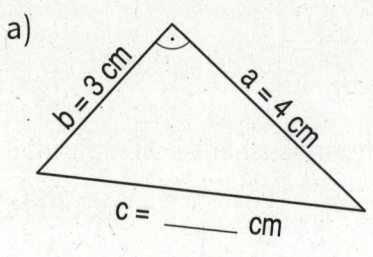

$$a^2 + b^2 = c^2$$
$$c^2 = a^2 + b^2$$

c^2 berechnen: $\quad c^2 = 4^2 + 3^2$
$$c^2 = 16 + 9$$
$$c^2 = \underline{\qquad}$$

Wurzel ziehen: $\quad c = \sqrt{\underline{\qquad}}$
$$c = \underline{\qquad} \text{ cm}$$

b)

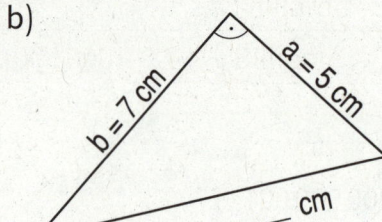

$$a^2 + b^2 = c^2$$
$$c^2 = \underline{\qquad}$$
$$c^2 = \underline{\quad} + \underline{\quad}$$
$$c^2 = \underline{\quad} + \underline{\quad}$$
$$c^2 = \underline{\qquad}$$
$$c = \sqrt{\underline{\qquad}}$$
$$c = \underline{\quad} \text{ cm}$$

2. Die längste Seite c und eine der beiden kurzen Seiten sind gegeben. Berechne die fehlende Seite mit dem Satz des Pythagoras $a^2 + b^2 = c^2$. Rechne mit dem Taschenrechner.

a)

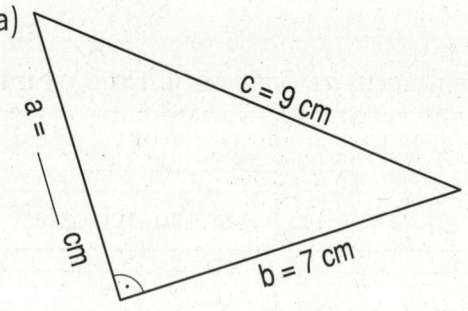

$$a^2 + b^2 = c^2$$

a^2 berechnen: $\quad a^2 + 7^2 = 9^2$
$$a^2 + 49 = 81 \qquad | -49$$
$$a^2 = 81 - 49$$
$$a^2 = \underline{\qquad}$$

Wurzel ziehen: $\quad a = \sqrt{\underline{\qquad}}$
$$a = \underline{\quad} \text{ cm}$$

b)

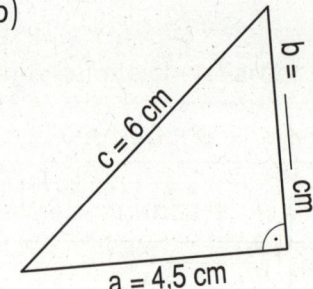

$$a^2 + b^2 = c^2$$
$$\underline{\quad} + \underline{\quad} = \underline{\quad}$$
$$\underline{\quad} + \underline{\quad} = \underline{\quad} \qquad | -\underline{\quad}$$
$$b^2 = \underline{\quad} - \underline{\quad}$$
$$b^2 = \underline{\qquad}$$
$$b = \sqrt{\underline{\qquad}}$$
$$b = \underline{\quad} \text{ cm}$$

Satz des Pythagoras

1. Beim Sportfest wirft Emil den Ball schräg. Der Ball kommt 15 m neben dem Maßband auf. Am Maßband werden 55 m abgelesen. Wie weit hat Emil den Ball tatsächlich geworfen?

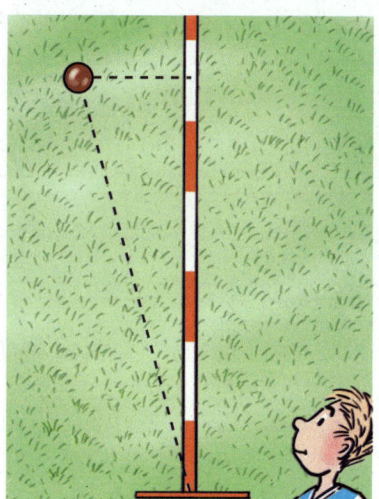

Skizze:

15 m

55 m

A: _____

2. Eine Leiter von 5 m Länge steht an einer Hauswand. Am Boden hat die Leiter von der Wand den Abstand 1,5 m. Wie hoch reicht die Leiter?

Skizze:

A: _____

3. Der Giebel ist 2,50 m hoch. Die Balken haben unten den Abstand 2,60 m. Wie lang sind sie?

Skizze:

A: _____

_____

Körper

1. Trage für jeden Körper den Namen und die Anzahl seiner Flächen, Ecken und Kanten ein.

Name						
Flächen						
Ecken						
Kanten						

2. Welcher Körper passt zur Beschreibung? Trage den Namen ein.

a) Der Körper hat 2 dreieckige Flächen und 3 rechteckige Flächen.

_____

b) Der Körper hat keine Ecken und keine Kanten.

_____

c) Der Körper hat 2 gleich große Kreisflächen und eine gekrümmte Fläche.

_____

d) Die gegenüberliegenden Flächen des Körpers sind gleich große Rechtecke.

_____

e) Der Körper hat eine viereckige Fläche und 4 dreieckige Flächen.

_____

f) Der Körper hat eine Kreisfläche und eine gekrümmte Fläche.

_____

3. Welcher Körper gehört zu welchem Netz? Verbinde.

(1)
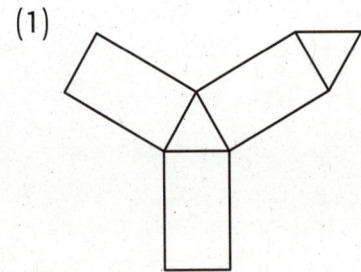

(2)
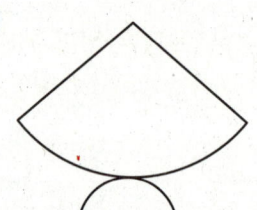

(3)
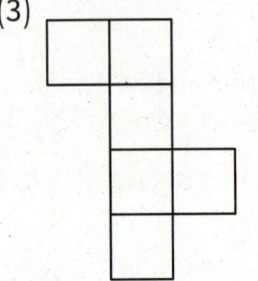

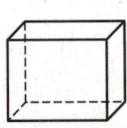
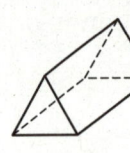
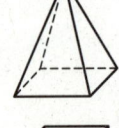
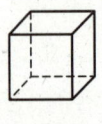

(4)
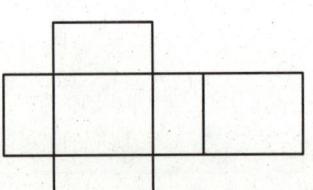

(5)
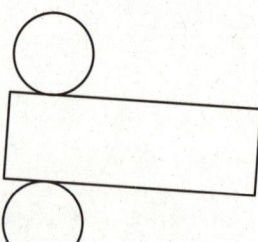

(6)
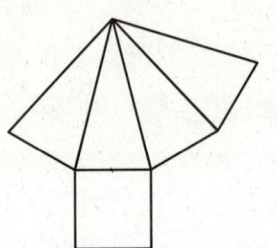

Volumen und Oberflächeninhalt

1. Berechne Volumen und Oberflächeninhalt.

a)

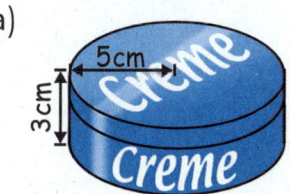

$V = G \cdot h_k$

V = _____

V = _____

$O = 2 \cdot G + M$

O = _____

O = _____

$G = \pi \cdot r^2$

$G = 3,14 \cdot 5 \cdot 5$

$G =$ _____

$M = 2 \cdot \pi \cdot r \cdot h_k$

$M = 2 \cdot 3,14 \cdot 5 \cdot 3$

$M =$ _____

b)

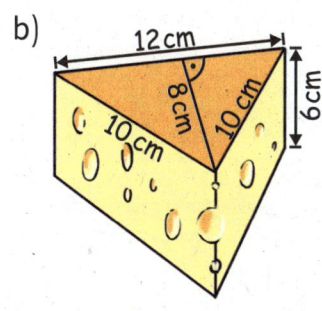

$V = G \cdot h_k$

V = _____

V = _____

$O = 2 \cdot G + M$

O = _____

O = _____

$G =$

$G =$

$G =$

c)

V = _____

V = _____

V = _____

O = _____

O = _____

O = _____

d)

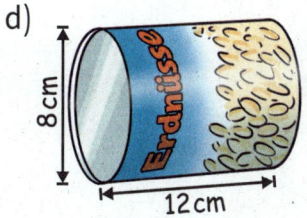

V = _____

V = _____

V = _____

O = _____

O = _____

O = _____

$G = \pi \cdot r^2$

Sachaufgaben zur Volumenberechnung

1. Berechne das Volumen. Welcher Körper ist schwerer?

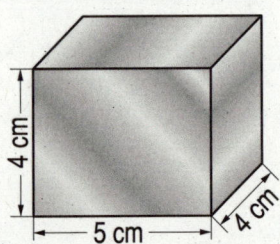

4 cm
5 cm
4 cm

V = _____

1 cm³ Eisen
wiegt 7,9 g.

1 cm³ Kupfer
wiegt 8,9 g.

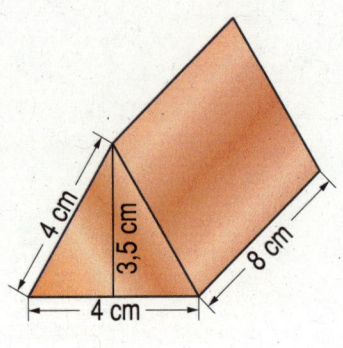

4 cm
3,5 cm
8 cm
4 cm

V = _____

A: _____

2. Heizöl wird in großen Öltanks gelagert.
a) Berechne das Volumen des Tanks.
b) Ein Tankwagen fasst etwa 30 m³ Öl. Reichen 500 Tankwagen zum Transport des Öls?

20 m
50 m

V = _____

A: _____

3. Aus einem Holz-Quader soll ein möglichst großer Zylinder hergestellt werden.
a) Bestimme den Radius des Zylinders.
b) Berechne das Volumen des Quaders und das Volumen des Zylinders.

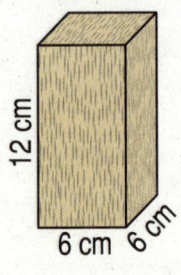

12 cm
6 cm 6 cm

r = _____

V = _____   V = _____

Volumen einer Pyramide

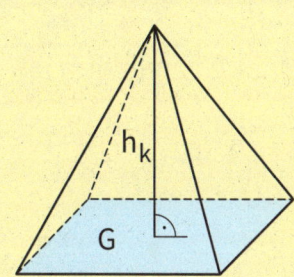

Volumen einer Pyramide = Grundfläche · Körperhöhe geteilt durch 3

$$V = \frac{G \cdot h_k}{3}$$

$$V = \frac{1}{3} \cdot G \cdot h_k$$

1. Die Grundfläche ist gegeben. Berechne das Volumen der Pyramide.

a) $G = 81\ m^2$
   $h_k = \ 9\ m$

V = _____

b) $G = 525\ m^2$
   $h_k = \ 60\ m$

V = _____

c) $G = 10000\ m^2$
   $h_k = \quad 65\ m$

V = _____

$$V = \frac{G \cdot h_k}{3}$$

$$V = \frac{81 \cdot 9}{3}$$

$V =$ _____ cm^3

2. Berechne zuerst die Grundfläche und dann das Volumen der Pyramide.

a)

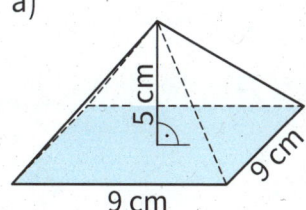

5 cm, 9 cm, 9 cm

$$V = \frac{G \cdot h_k}{3}$$

V = _____

V = _____ cm^3

G = a · a

G = 9 · 9

G = _____ cm^2

b)

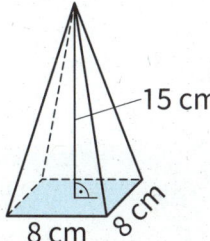

15 cm
8 cm   8 cm

V = _____

V = _____

V = _____

c)

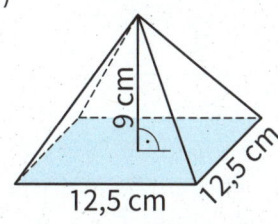

9 cm
12,5 cm   12,5 cm

V = _____

V = _____

V = _____

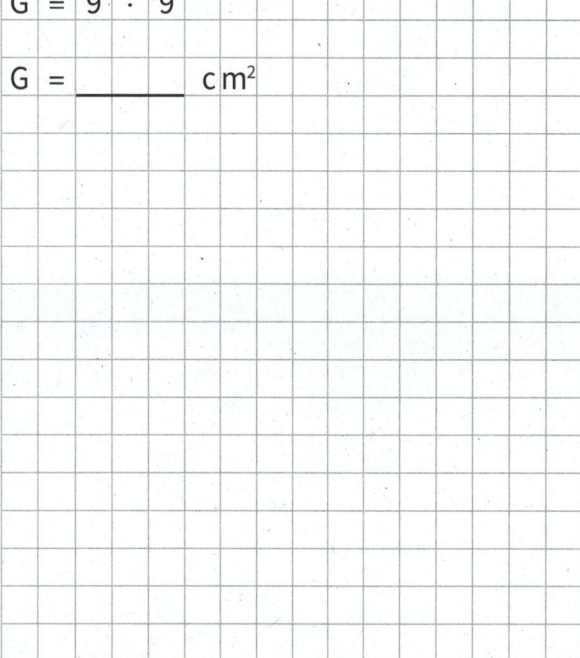

Volumen eines Kegels

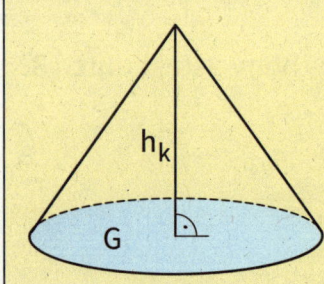

Volumen eines Kegels = Grundfläche · Körperhöhe geteilt durch 3

$$V = \frac{G \cdot h_k}{3}$$

$$V = \frac{1}{3} \cdot G \cdot h_k$$

1. Die Grundfläche ist gegeben. Berechne das Volumen des Kegels.

a) $G = 28 \text{ cm}^2$
   $h_k = 9 \text{ cm}$

V = _____

b) $G = 15 \text{ m}^2$
   $h_k = 2 \text{ m}$

V = _____

c) $G = 54 \text{ m}^2$
   $h_k = 8 \text{ m}$

V = _____

$$V = \frac{G \cdot h_k}{3}$$

$$V = \frac{28 \cdot 9}{3}$$

$V = $ _____ cm^3

2. Berechne zuerst die Grundfläche und dann das Volumen des Kegels.

a)

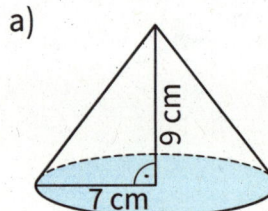 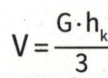
9 cm
7 cm

$$V = \frac{G \cdot h_k}{3}$$

V = _____

V = _____ cm^3

G = π · r^2

G = 3,14 · 7 · 7

G = _____ cm^2

b)

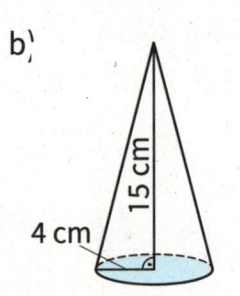 
15 cm
4 cm

V = _____

V = _____

V = _____

c)

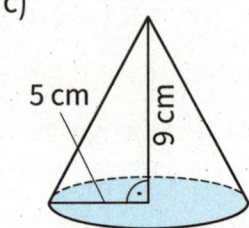
5 cm
9 cm

V = _____

V = _____

V = _____

Oberflächeninhalt einer Kugel

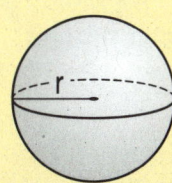

Oberflächeninhalt einer Kugel

$$O = 4 \cdot \pi \cdot r^2$$

1. Berechne den Oberflächeninhalt des Balls.

a) Handball r = 9 cm

O = _____

b) Fußball r = 11,5 cm

O = _____

c) Tischtennisball r = 20 mm

O = _____

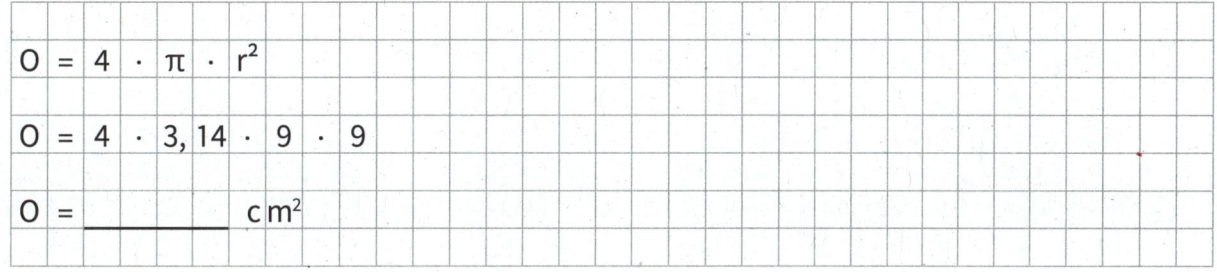

O	=	4	·	π	·	r²				
O	=	4	·	3,14	·	9	·	9		
O	=	_____		c m²						

2. Berechne zuerst den Radius und dann den Oberflächeninhalt der Kugel.

a)

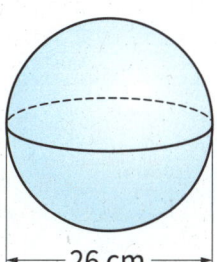

26 cm

r = _____

O = _____

b)

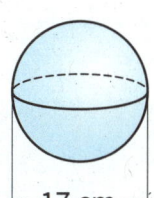

17 cm

r = _____

O = _____

c)

28,6 cm

r = _____

O = _____

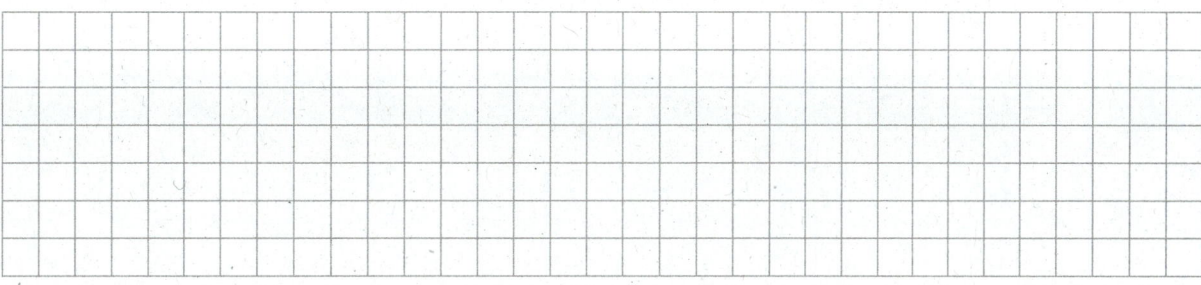

Volumen einer Kugel

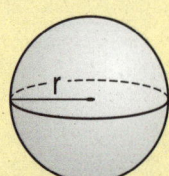

Volumen einer Kugel

$$V = \frac{4}{3} \cdot \pi \cdot r^3$$

$$V = \frac{4 \cdot \pi \cdot r^3}{3}$$

1. Berechne das Volumen des Balls.

a) r = 32 cm

V = _____

b) r = 15 cm

V = _____

c) r = 0,8 m

V = _____

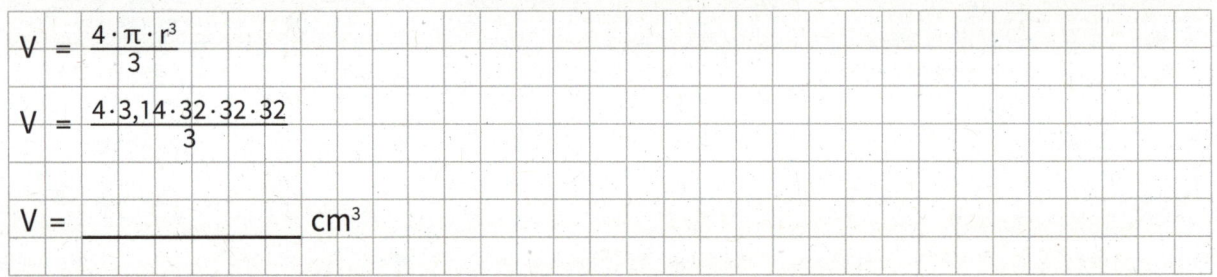

$$V = \frac{4 \cdot \pi \cdot r^3}{3}$$

$$V = \frac{4 \cdot 3,14 \cdot 32 \cdot 32 \cdot 32}{3}$$

$$V = \underline{\hspace{3cm}} \ cm^3$$

2. Berechne zuerst den Radius und dann das Volumen der Kugel.

a)

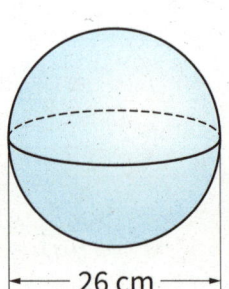

├─── 26 cm ───┤

r = _____

V = _____

b)

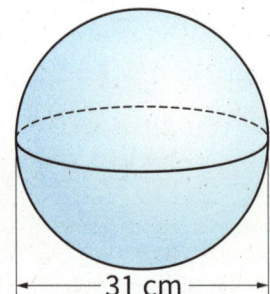

├─── 31 cm ───┤

r = _____

V = _____

c)

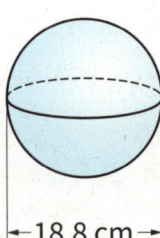

├─ 18,8 cm ─┤

r = _____

V = _____

Berechnungen an Körpern

1. Auf dem orientalischen Markt bieten Händler Gewürze als Kegel aufgeschichtet an. Wie viel cm³ Gewürz enthält der Kegel?

A: _____

2. Die Cheops-Pyramide hat eine quadratische Grundfläche. Die Pyramide ist ungefähr 230 m lang und 140 m hoch. Berechne das Volumen der Pyramide.

A: _____

3. Berechne den Oberflächeninhalt und das Volumen des Ballons.

O = _____   V = _____

Berechnungen an Körpern

1. Welches der drei Zelte hat das größte Volumen?

A   B   C

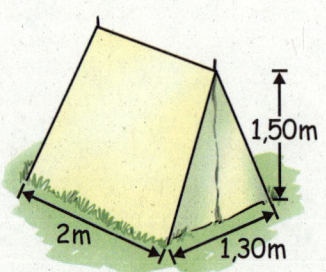   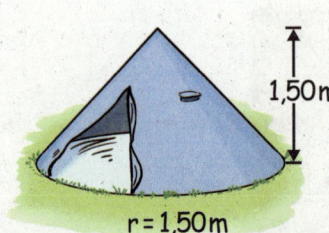   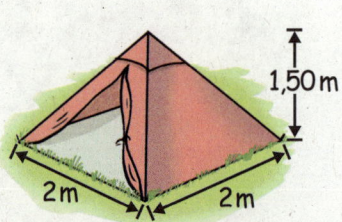

V = _____   V = _____   V = _____

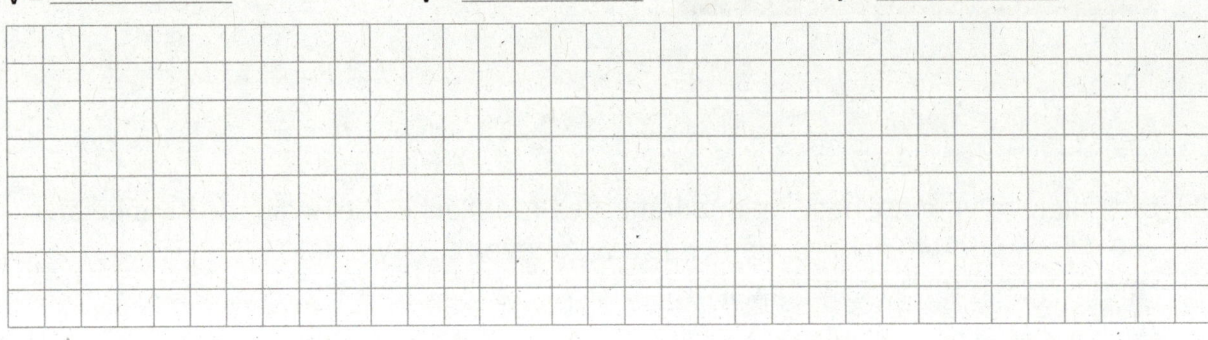

A: _____

2. Die Gläser haben die Form eines Zylinders, eines Kegels und einer Halbkugel. Der obere
Radius ist immer gleich. Berechne das Volumen.

a)   b)   c)

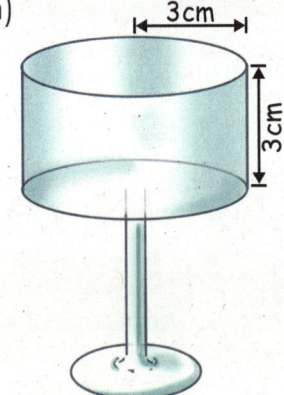   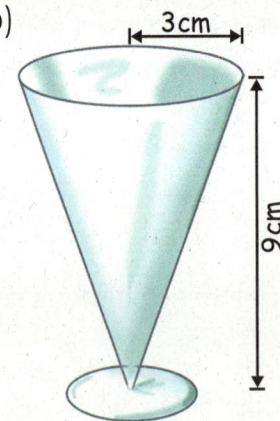   

V = _____   V = _____   V = _____

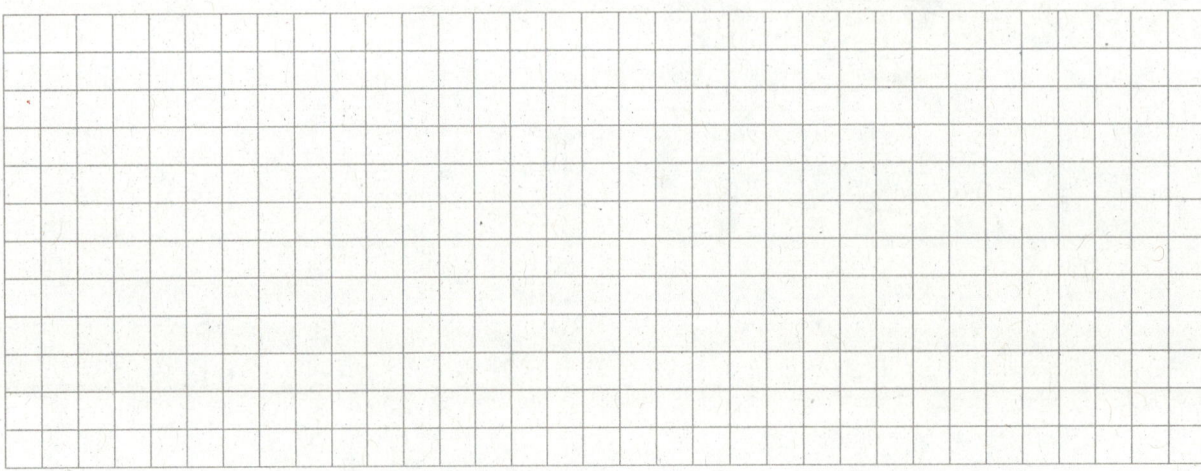

Schätzen und Berechnen

1. Schätze, dann bestimme, wie viel m³ Luft in den Ballon passen.

Geschätzte
Körpergröße:

_____ m

Geschätzter
Radius:

_____ m

A: _____

2. Der Iglu hat die Form einer Halbkugel. Schätze, dann bestimme das Volumen des Iglus.

Geschätzte Maße
des Iglus:

Höhe: _____ m

Radius: _____ m

A: _____

3. Ermittle die Maße des Zeltes durch Schätzen. Berechne das Volumen des Zeltes.

Geschätzte Maße
des Zeltes:

Höhe: _____ m

Radius: _____ m

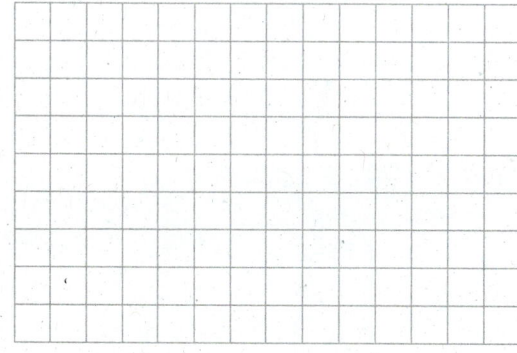

A: _____

4. Der Getränke-Kiosk hat die Form einer Dose. Berechne das Volumen des Verkaufsstandes.

Geschätzte
Maße:

Höhe: _____ m

Radius: _____ m

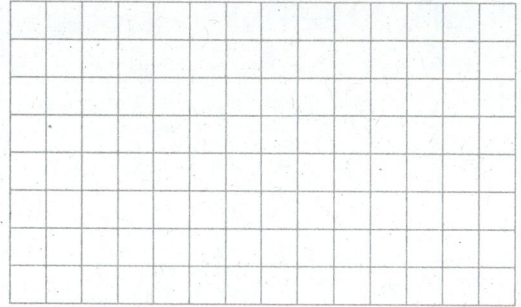

A: _____

Vermischte Übungen

1. Berechne den Flächeninhalt der Figur.

a)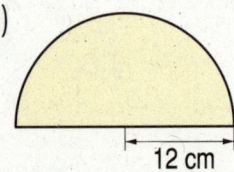
12 cm

b)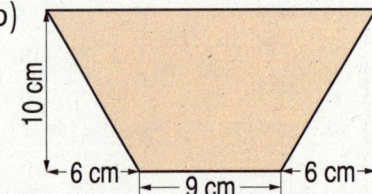
10 cm
6 cm → 9 cm ← 6 cm

c)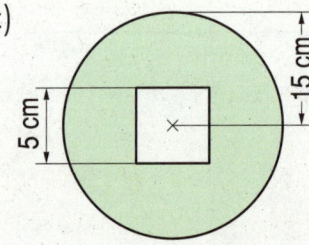
15 cm
5 cm

A = _____

A = _____

A = _____

2. Berechne das Volumen.

a)

G = 90 m² h_k = 5 m

V = _____

b)

G = 42 m² h_k = 9 m

V = _____

c)

G = 36 m² h_k = 7 m

V = _____

3. Berechne das Volumen des Körpers.

a)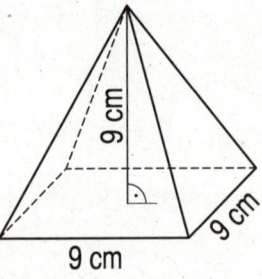
9 cm
9 cm
9 cm

V = _____

b)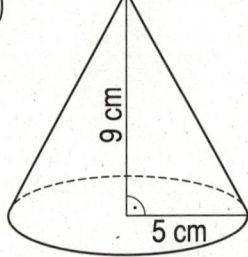
9 cm
5 cm

V = _____

c)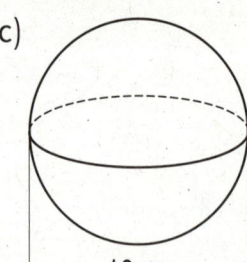
10 cm

V = _____

5 Prozent- und Zinsrechnung

1. Wie viel Prozent des Hunderterfelds sind eingefärbt, wie viel Prozent nicht?

a)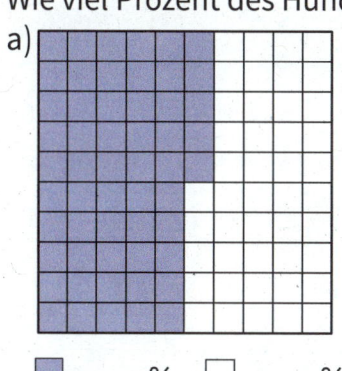

b)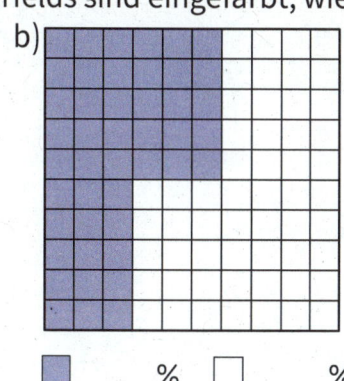

c)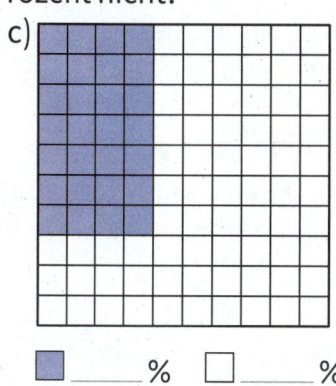

☐ _____ %   ☐ _____ %   ☐ _____ %   ☐ _____ %   ☐ _____ %   ☐ _____ %

2. Welcher Bruchteil der Figur ist gefärbt? Färbe im Hunderterfeld denselben Bruchteil. Gib den Prozentsatz an.

a)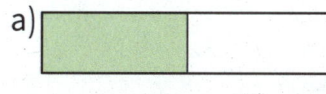

b)

c)

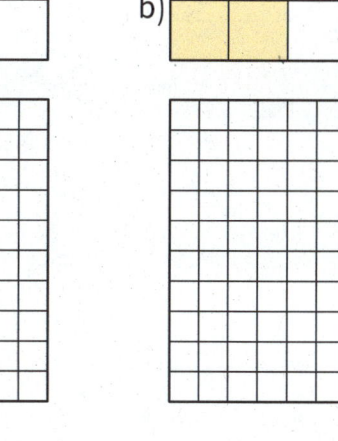

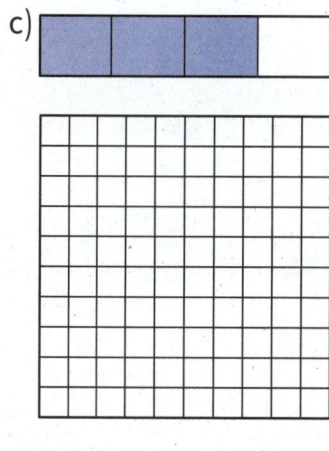

_____ = _____ %   _____ = _____ %   _____ = _____ %

3. Am Wintersporttag der Burgtor-Schule nehmen 300 Schüler teil.
a) Lies am Hunderterfeld ab, wie viel Prozent der Schüler die einzelnen Sportarten ausüben.
b) Berechne für jede Sportart die Anzahl der Schüler.

100 % sind 300 Schüler

		%		Schüler
☐	Skifahren	_____ %	_____	Schüler
☐	Rodeln	_____ %	_____	Schüler
☐	Eislaufen	_____ %	_____	Schüler
☐	Langlauf	_____ %	_____	Schüler
	Zusammen:	_____ %	_____	Schüler

4. 100 % sind 400 Schüler. Berechne und trage ein:

10 % sind _____ Schüler,   50 % sind _____ Schüler,   25 % sind _____ Schüler.

1. Vervollständige die Tabelle.

100 %	500 €		2 650 €			
10 %		12 €			83,70 €	
1 %				57,50 €		0,53 €

2. Bei einer Radarkontrolle wurde die Geschwindigkeit von 5 700 Kraftfahrzeugen gemessen. Erlaubt waren 50 $\frac{km}{h}$.
   a) Lies im Diagramm den Prozentsatz für jeden Geschwindigkeitsbereich ab.
   b) Berechne jeweils die Anzahl der Kraftfahrzeuge.

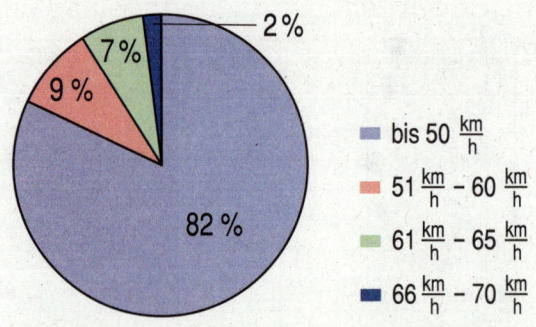

■ bis 50 $\frac{km}{h}$
■ 51 $\frac{km}{h}$ – 60 $\frac{km}{h}$
■ 61 $\frac{km}{h}$ – 65 $\frac{km}{h}$
■ 66 $\frac{km}{h}$ – 70 $\frac{km}{h}$

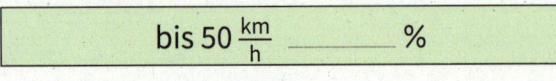

%	Kfz
100	

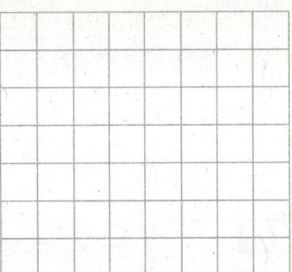

_____ Kraftfahrzeuge

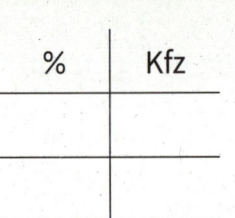

%	Kfz

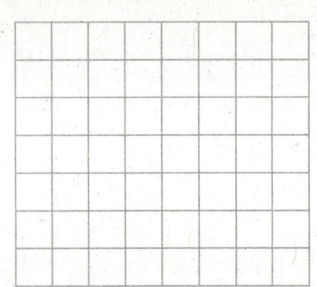

_____ Kraftfahrzeuge

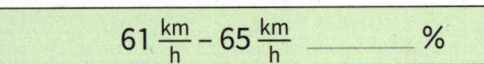

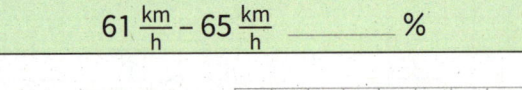

%	Kfz

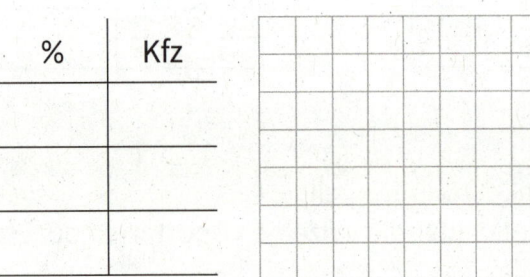

_____ Kraftfahrzeuge

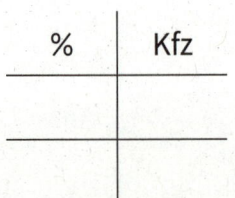

%	Kfz

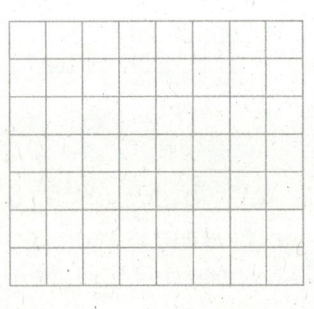

_____ Kraftfahrzeuge

3. Berechne den Prozentwert. Löse mit einer Tabelle.
   a) 24 % von 550 Bussen
   b) 35 % von 2 820 Lkw
   c) 12,5 % von 5 400 Motorrädern

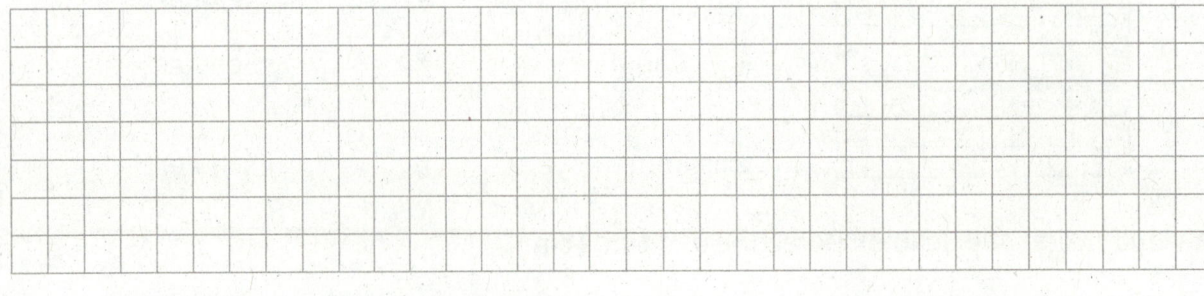

_____ Busse   _____ Lkw   _____ Motorräder

Prozentrechnung

1. Am Stadtlauf nehmen Schüler mehrerer Schulen teil.

a) Wie viel Prozent der Schüler der Bergschule nehmen am Stadtlauf teil?

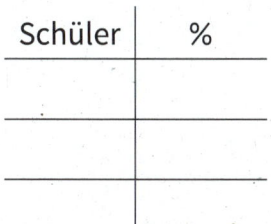

Schüler	%

A: _____

b) Wie viele Schüler besuchen die Talschule?

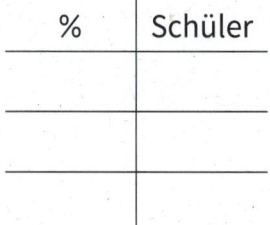

%	Schüler

A: _____

2. Erkan ist ein Schüler der Bergschule. Er meint: „Unsere Schule ist sportlicher, weil wir mehr Teilnehmer beim Stadtlauf haben. Hat Erkan recht? Begründe deine Antwort.

A: _____

3. Von den 70 Teilnehmern der Bergschule kamen 14 Schüler unter die ersten 100.
Wie viel Prozent aller teilnehmenden Schüler der Bergschule sind das? Kreuze an.

◯ 14 %   ◯ 7 %   ◯ 20 %   ◯ 10 %

4. In der Tabelle stehen die Schülerzahlen mehrerer Schulen. Einige von ihnen sind in einem Sportverein. Ergänze die fehlenden Werte.

Grundwert	200 Schüler	400 Schüler	300 Schüler	500 Schüler
Prozentsatz	_____ %	30 %	20 %	_____ %
Prozentwert	10 Schüler	_____ Schüler	_____ Schüler	25 Schüler

Prozentrechnung

1. Was musst du berechnen: den Prozentwert, den Prozentsatz oder den Grundwert?
Schreibe die Frage auf, dann rechne.

A

80 % der Karten sind verkauft.

Das sind 36 000 Karten.

F: _____

A: _____

B

Von den 24 000 Plätzen sind 85 % belegt.

F: _____

A: _____

C

1 400 der insgesamt 4 000 Plätze sind von Dauerkarten belegt.

F: _____

A: _____

D

Die Karte hat 40 € gekostet. Du bekommst sie für 34 €.

F: _____

A: _____

Vermehrter oder verminderter Grundwert

1. Hier ist immer der vermehrte oder der verminderte Grundwert gesucht.
Trage in die Tabelle ein, dann rechne.

A

%	€
100	
1	
85	

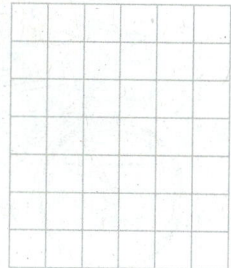

Wie viel Euro kostet eine Jahreskarte zum ermäßigten Preis?

A: _____

B

%	€
100	
1	
125	

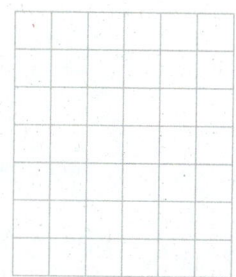

Wie viel Euro kostet der Eintritt zum erhöhten Preis am Wochenende?

A: _____

C

Wie groß war die erhöhte Besucherzahl am Samstag?

A: _____

D

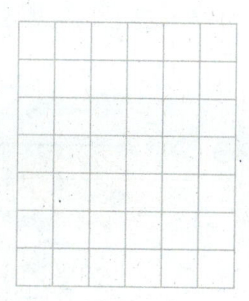

Wie viel Euro beträgt der ermäßigte Eintrittspreis für Mitglieder einer Gruppe?

A: _____

Brutto und Netto, Skonto

1. Berechne das Gewicht des Behälters und das Nettogewicht.

a) Bruttogewicht: 650 kg   b) Bruttogewicht 12,5 kg   c) Bruttogewicht 2,5 t

Kiste: 6 % des Bruttogewichts

Karton: 4 % des Bruttogewichts

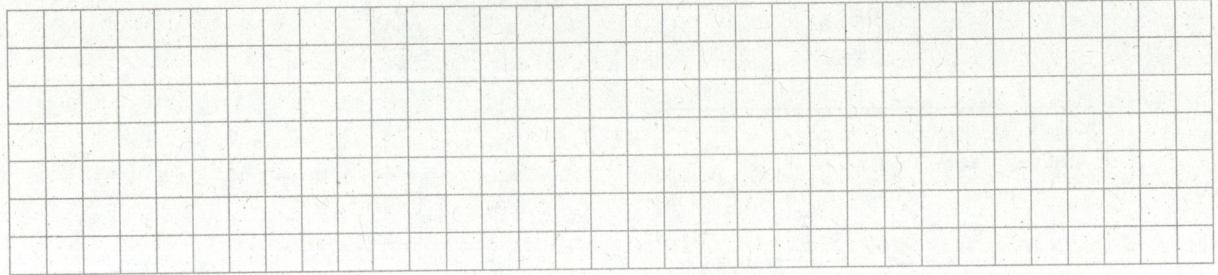
Container: 3 % des Bruttogewichts

Kiste: _____   Karton: _____   Container: _____

Nettogewicht: _____   Nettogewicht: _____   Nettogewicht: _____

2. Berechne den Preis bei Barzahlung.

a)

1250 €
Bei Barzahlung 2% Skonto

Preis bei Barzahlung: _____

b)

17 800 €
Bei Barzahlung 5 % Skonto

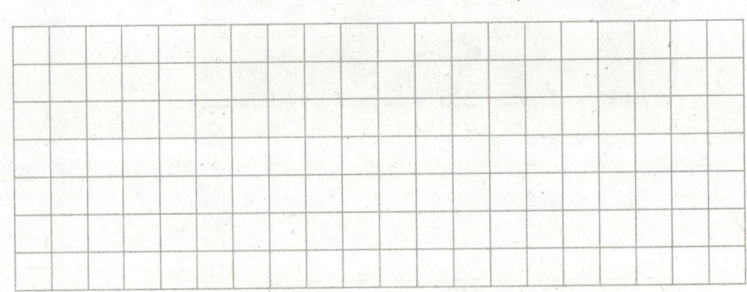

Preis bei Barzahlung: _____

c)

780 €
Bei Barzahlung 3 % Skonto

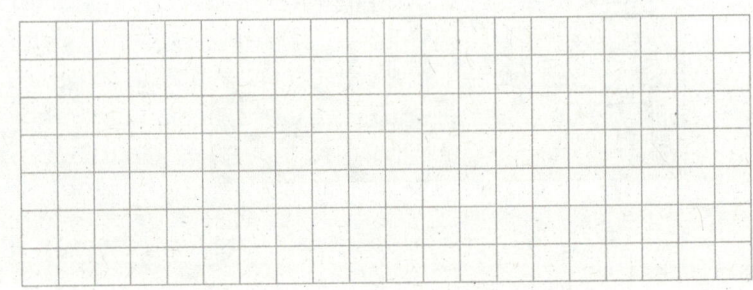

Preis bei Barzahlung: _____

Zinsrechnung – Jahreszinsen, Monatszinsen

Prozentrechnung:	Grundwert 2 500 €	Prozentsatz 3 %	Prozentwert 75 €
Zinsrechnung:	**Kapital**	**Zinssatz**	**Zinsen**

1. Berechne die Zinsen für ein Jahr. Der Zinssatz beträgt immer 1,5 %.
  a) Kapital: 3 260 €   b) Kapital: 5 380 €

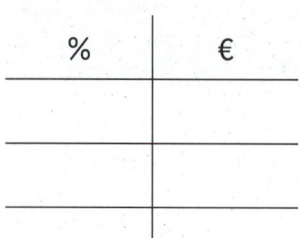
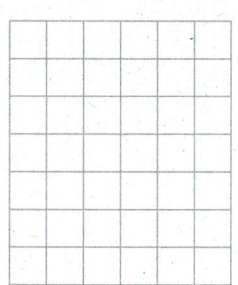
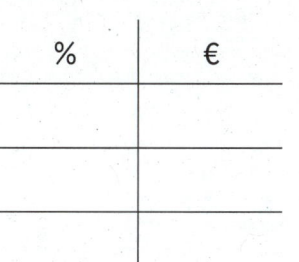
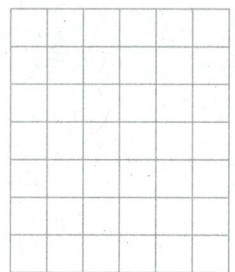

%	€

Zinsen für ein Jahr: _____

%	€

Zinsen für ein Jahr: _____

2. Berechne zunächst die Jahreszinsen, dann die Monatszinsen für die angegebene Zeit.

A
Kapital	48 000 €
Zinssatz	1,2 %
Zeit	9 Monate

B
Kredit	9 600 €
Zinssatz	8 %
Zeit	7 Monate

C
Kapital	37 200 €
Zinssatz	1,4 %
Zeit	5 Monate

A

Jahreszinsen		Monatszinsen	
%	€	Monate	€
100	48 000	12	576
1	480	1	
1,2	576	9	

Monatszinsen: _____

B

Jahreszinsen		Monatszinsen	
%	€	Monate	€

Monatszinsen: _____

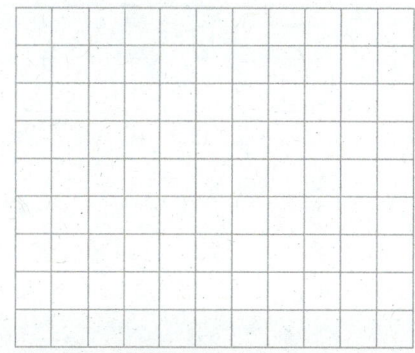

C

Jahreszinsen		Monatszinsen	
%	€	Monate	€

Monatszinsen: _____

Zinsrechnung – Tageszinsen

Ein Bankjahr hat 360 Tage.

1. Herr Veith legt 24 000 € bei der Bank an. Der Zinssatz beträgt 1,5 %. Nach 70 Tagen hebt er das Geld ab, um eine Rechnung zu bezahlen. Wie viel Euro Zinsen bekommt er für diese Zeit? Berechne zunächst die Jahreszinsen, dann die Tageszinsen für 70 Tage.

A

Jahreszinsen	
%	€
100	24 000

Tageszinsen	
Tage	€
360	
1	
70	

A: _____

2. Berechne zunächst die Jahreszinsen, dann die Tageszinsen für die angegebene Zeit.

A
Kapital   60 000 €
Zinssatz   1,2 %
Zeit   55 Tage

B
Kredit   2 400 €
Zinssatz   7,5 %
Zeit   234 Tage

C
Kapital   15 000 €
Zinssatz   2,4 %
Zeit   325 Tage

A

Jahreszinsen	
%	€

Tageszinsen	
Tage	€

Tageszinsen: _____

B

Jahreszinsen	
%	€

Tageszinsen	
Tage	€

Tageszinsen: _____

C

Jahreszinsen	
%	€

Tageszinsen	
Tage	€

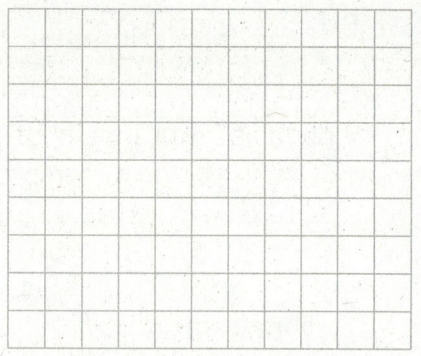

Tageszinsen: _____

Kapitalwachstum über mehrere Jahre

1. Frau Balko legt 20 000 € für zwei Jahre bei einer Bank an. Der Zinssatz beträgt 2 %. Ergänze die fehlenden Zahlen in den Tabellen. Wie hoch ist das Guthaben von Frau Balko nach zwei Jahren?

Jahreszinsen im 1. Jahr	
%	€
100	20 000
1	
2	

Guthaben am Anfang des 1. Jahres	20 000 €
Zinsen am Ende des 1. Jahres	
Guthaben am Ende des 1. Jahres	

Guthaben am Jahresende = Guthaben am Jahresanfang + Zinsen

Jahreszinsen im 2. Jahr	
%	€
100	
1	
2	

Guthaben am Anfang des 2. Jahres	
Zinsen am Ende des 2. Jahres	
Guthaben am Ende des 2. Jahres	

Guthaben am Jahresanfang = Guthaben am Ende des Vorjahres

A: _____

2. Herr Mau hat vor einigen Jahren ebenfalls 20 000 € bei einer Bank angelegt. Damals bekam er einen Zinssatz von 5 %. Wie hoch war das Guthaben von Herrn Mau nach drei Jahren?

Jahreszinsen im 1. Jahr	
%	€
100	20 000
1	

Guthaben am Anfang des 1. Jahres	20 000 €
Zinsen am Ende des 1. Jahres	
Guthaben am Ende des 1. Jahres	

Von Jahr zu Jahr werden die Zinsen mitverzinst. Das bringt Zinseszinsen!

Jahreszinsen im 2. Jahr	
%	€
100	
1	

Guthaben am Anfang des 2. Jahres	
Zinsen am Ende des 2. Jahres	
Guthaben am Ende des 2. Jahres	

Jahreszinsen im 3. Jahr	
%	€
100	
1	

Guthaben am Anfang des 3. Jahres	
Zinsen am Ende des 3. Jahres	
Guthaben am Ende des 3. Jahres	

A: _____

Kapitalwachstum über mehrere Jahre

Jahr	1 %	2 %	3 %	4 %	5 %	6 %	7 %	8 %	9 %
1	101,00	102,00	103,00	104,00	105,00	106,00	107,00	108,00	109,00
2	102,01	104,04	106,09	108,16	110,25	112,36	114,49	116,64	118,81
3	103,03	106,12	109,27	112,49	115,76	119,10	122,50	125,97	129,50
4	104,06	108,24	112,55	116,99	121,55	126,25	131,08	136,05	141,16
5	105,10	110,41	115,93	121,67	127,63	133,82	140,26	146,93	153,86
6	106,15	112,62	119,41	126,53	134,01	141,85	150,07	158,69	167,71
7	107,21	114,87	122,99	131,60	140,71	150,36	160,58	171,38	182,80

1. In der Tabelle kannst du ablesen, wie ein Guthaben von 100 € bei verschiedenen Zinssätzen im Laufe der Zeit wächst. Trage die Höhe des Guthabens ein.

a) nach 3 Jahren bei 4 %: _____   b) nach 2 Jahren bei 6 %: _____

c) nach 4 Jahren bei 7 %: _____   d) nach 2 Jahren bei 8 %: _____

2. Wahr oder falsch? Kreuze an

		w	f
a)	Beim Zinssatz 7 % ist das Guthaben nach 3 Jahren kleiner als 120 €.		
b)	Beim Zinssatz 8 % ist das Guthaben nach 7 Jahren größer als 170 €.		
c)	Das Guthaben ist bei 7 % nach 3 Jahren so hoch wie bei 3 % nach 7 Jahren.		
d)	Das Guthaben nach 6 Jahren ist immer doppelt so groß wie nach 3 Jahren.		

3. Wie hoch ist das Guthaben beim Zinssatz 4 % nach 7 Jahren?

Aus 100 € werden bei 4 % in 7 Jahren 131,60 €.

Ich möchte 800 € anlegen.

heute	nach 7 Jahren
100 €	131,60 €
800 €	

·8 ← ... → ·8

A: _____

4. Berechne das Guthaben nach der angegebenen Laufzeit beim Zinssatz 6 %.

a)
heute	nach 6 Jahren
100 €	
600 €	

b)
heute	nach 4 Jahren
100 €	
2 500 €	

5. Entnimm den Zinssatz der Tabelle.

a) Aus 100 € sind in 5 Jahren 110,41 € geworden.

b) Aus 100 € sind in 4 Jahren 126,25 € geworden.

c) In 6 Jahren ist das Guthaben um fast genau 50 € gewachsen.

Zinssatz: _____   Zinssatz: _____   Zinssatz: _____

Zinseszinsrechnung am Computer

1. a) Erstelle das Rechenblatt mit einem Tabellenkalkulationsprogramm auf deinem Computer.

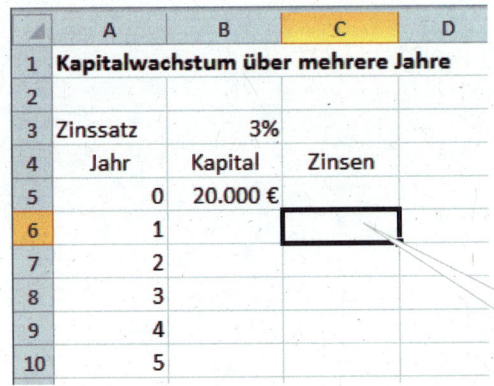

> Zur Berechnung der Zinsen für ein Jahr würde man mit der Formel =B3*B5 rechnen.
> Da du aber 6 Jahre mit demselben Zinssatz rechnen willst, musst du die Zelle mit dem Zinssatz zusätzlich mit $ kennzeichnen.

> Hier trägst du also =B$3*B5 ein und bestätigst mit Enter .

b) Welche Formel musst du zur Bestimmung des Kapitals am Jahresende in B6 eintragen? Kreuze an und ergänze am Computer.

◯ =B3+B5   ◯ =B5+C6   ◯ =B5*C6   ◯ =C6*A6

c) **1. Schritt**

Bewege deinen Mauszeiger 🔷 zur unteren rechten Ecke der Zelle B6, bis er die Form + hat.

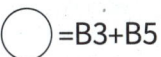

2. Schritt

Bewege nun deinen Mauszeiger 🔷 mit gedrückter linker Maustaste bis zur Zelle B11.

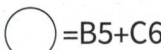

Bildschirm nach dem 2. Schritt:

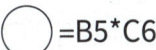

Da der Computer noch keine Ergebnisse der Zinsberechnung in Spalte C hat, erscheint nur das Kapital nach einem Jahr.

3. Schritt
Übertrage nun die Formel zur Berechnung der Zinsen, wie du es beim Kapital gemacht hast.

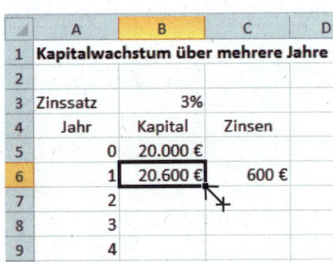

2. Frau Gelse legt ein Kapital von 35 000 € mit einer Verzinsung von 2,8 % für 10 Jahre bei der Bank an. Vervollständige die Tabelle. Rechne mit der Tabellenkalkulation.

Kapital nach	2 Jahren	5 Jahren	10 Jahren
	_____ €	_____ €	_____ €

Formeln in der Prozentrechnung

Grundwert G	Prozentsatz p %	Prozentwert W	Formel: $W = G \cdot \frac{p}{100}$
$G \xrightarrow{\quad \cdot \frac{p}{100} \quad}$		W	$p\% = \frac{p}{100}$

1. a) Von 2000 befragten Autobesitzern sagten 85 %, dass sie mit dem Auto zur Arbeit fahren. Wie viele der Befragten fahren mit dem Auto zur Arbeit?

> $G = 2000 \quad p\% = 85\% \quad$ W ist gesucht.

$W = G \cdot \frac{p}{100}$

$W = 2000 \cdot \frac{85}{100}$

$W = $ _____

A: _____

b) Das neue Auto von Frau Fayeq verbraucht 15 % weniger Benzin als ihr altes Auto. Auf 100 km spart sie 1,2 ℓ Benzin. Wie viel Liter Benzin verbrauchte ihr altes Auto auf 100 km?

> G ist gesucht. $\quad p\% = 15\% \quad W = 1{,}2\,ℓ$

$W = G \cdot \frac{p}{100}$

$1{,}2 = G \cdot \frac{15}{100} \qquad |\cdot 100$

$120 = G \cdot 15 \qquad |:15$

_____ $= G$

A: _____

c) Der Katalogpreis für ein Navigationsgerät beträgt 200 €. Herr Dold bekommt das Gerät mit 18 € Preisnachlass. Wie viel Prozent des angegebenen Preises spart Herr Dold?

> $G = 200\,€ \quad$ p ist gesucht. $\quad W = 18\,€$

$W = G \cdot \frac{p}{100}$

$18 = 200 \cdot \frac{p}{100} \qquad |\cdot 100$

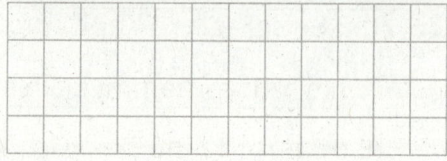

_____

_____ $= p$

A: _____

Ratenzahlung

1.

a) Berechne die Höhe einer Monatsrate für die Möglichkeit 10/10.

Super-Bike

Preis: _____ €
Aufschlag:

10 % von _____ € = _____ €

Gesamtkosten: _____ €

Monatsrate: _____ €

City-Star

Preis: _____ €
Aufschlag:

10 % von _____ € = _____ €

Gesamtkosten: _____ €

Monatsrate: _____ €

b) Berechne die Höhe einer Monatsrate für die Möglichkeit 20/20.

Super-Bike

Preis: _____ €
Aufschlag:

20 % von _____ € = _____ €

Gesamtkosten: _____ €

Monatsrate: _____ €

City-Star

Preis: _____ €
Aufschlag:

20 % von _____ € = _____ €

Gesamtkosten: _____ €

Monatsrate: _____ €

Vermischte Übungen

1. Vervollständige die Tabelle.

Grundwert	2 500 €	600 kg		1 000 kg	58 m	
Prozentsatz	10 %		10 %	25 %		20 %
Prozentwert		30 kg	650 m		29 m	40 €

2.

Eintritt   28 €
Ermäßigung für
Gruppen:
14 %

Eintrittspreis bei Gruppenermäßigung: _____

3.

28 600 €   Bei Barzahlung
4 % Skonto

Preis bei Barzahlung: _____

4. Berechne die Zinsen für ein Jahr. Der Zinssatz beträgt immer 1,3 %.

a) Kapital: 7 150 €

%	€

b) Kapital: 3 580 €

%	€

5. Berechne die Monatszinsen. Zeit: 7 Monate; Kredit: 7 500 €; Zinssatz: 8,4 %

Jahreszinsen	
%	€

Monatszinsen	
Monate	€

Monatszinsen: _____

6 Zeichnen und Konstruieren

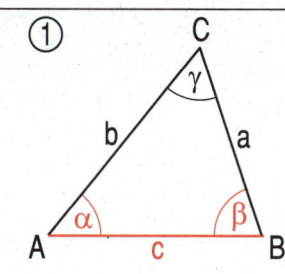

① C
γ
b a
α β
A c B

② C
γ
b a
α β
A c B

③ C
γ
b a
α β
A c B

Planfiguren zum Zeichnen von Dreiecken

1. Ordne zuerst die richtige Planfigur zu. Zeichne dann das Dreieck.

a) c = 5 cm, α = 55°, β = 50°

Planfigur _____

b) b = 4 cm, c = 5 cm, α = 60°

Planfigur _____

c) a = 3,5 cm, b = 3 cm, c = 4 cm

Planfigur _____

d) c = 4 cm, α = 35°, β = 110°

Planfigur _____

e) b = 4,5 cm, c = 4 cm, α = 95°

Planfigur _____

f) a = 5 cm, b = 6 cm, c = 4,5 cm

Planfigur _____

Anwendungen

1. Ein Flugzeug startet unter einem gleich bleibenden Winkel. Bestimme den Winkel α für den Steigflug. Färbe in der Planfigur die gegebenen Werte. Für 1000 m zeichne 1 cm.

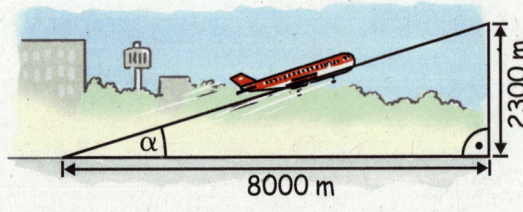

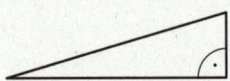

Winkel für den Steigflug: _____

2. Bestimme die Länge der Leiter und den Anstellwinkel β. Färbe zuerst in einer Planfigur die gegebenen Werte, dann zeichne. Für 1 m zeichne 1 cm.

Länge der Leiter: _____   Anstellwinkel: _____

3. Der Giebel eines Hauses ist ein gleichschenkliges Dreieck.
a) Bestimme die Winkel α und β.
b) Zeichne den Giebel. Färbe zuerst in einer Planfigur die Werte, die du zum Zeichnen brauchst. Mit welcher Seite beginnst du? Für 1 m zeichne 1 cm.
c) Gib mit Hilfe deiner Zeichnung die Höhe des Giebels an.

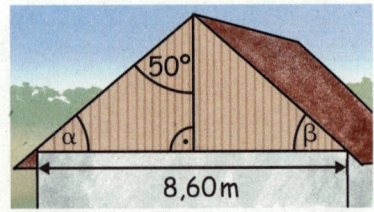

Winkel α = _____   Winkel β = _____   Höhe des Giebels: _____

Anwendungen

1. Berechne zuerst den Winkel γ. Dann färbe in einer Planfigur die Werte, die du kennst.
   Für 10 m zeichne 1 cm.
   a) Wie groß ist der Abstand der Türme?

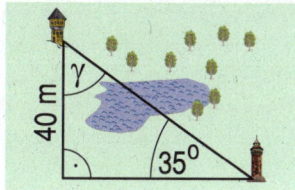

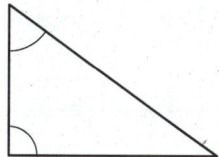

Winkel γ = _____   Abstand der Türme: _____

b) Wie weit ist das Boot vom Leuchtturm entfernt?

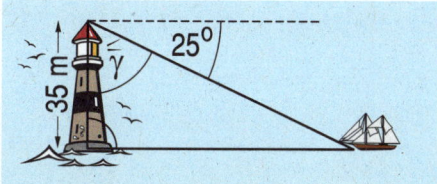

Winkel γ = _____   Entfernung Boot - Leuchtturm: _____

c) Wie breit ist der Burggraben?

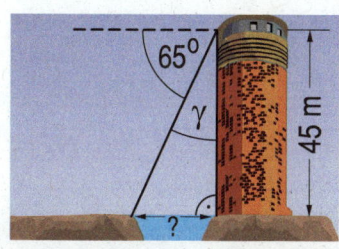

Winkel γ = _____   Breite des Burggrabens: _____

Vierecke konstruieren

1. Zeichne das Parallelogramm nach der Planfigur.

a)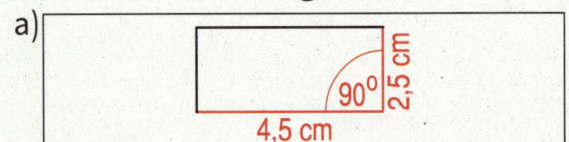

b)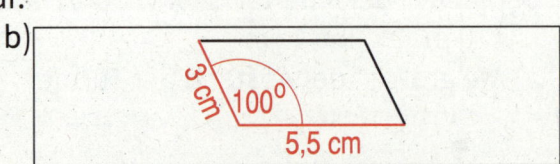

c)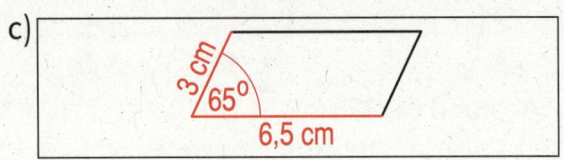

d)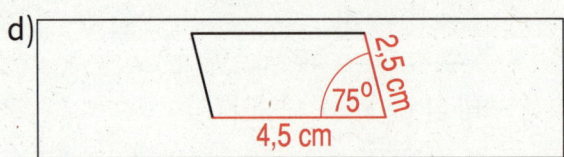

2. Zwischen den Türmen liegt eine Schlucht. Bestimme den Abstand der beiden Türme mit einer Zeichnung.

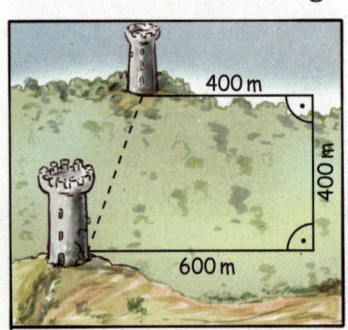

Abstand der Türme: _____

3. a) Wie lang ist die Fährverbindung zwischen den Orten B und C? Erstelle eine Zeichnung.
b) In welchem Winkel zur Verbindungsstrecke AB muss der Kapitän das Schiff steuern?

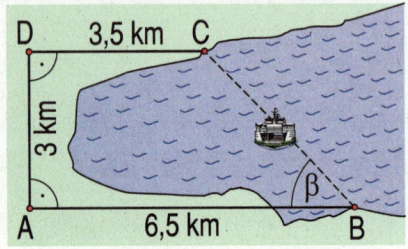

Länge der Fährverbindung: _____   Winkel β: _____

Parallelogramme konstruieren und berechnen

1. Das Schild hat die Form eines Parallelogramms.
a) Zeichne das Parallelogramm verkleinert im Maßstab 1:100.
b) Zeichne in dein Parallelogramm eine Höhe ein und miss ihre Länge. Berechne, wie viel m² Eisenblech für das Schild verwendet wurden.

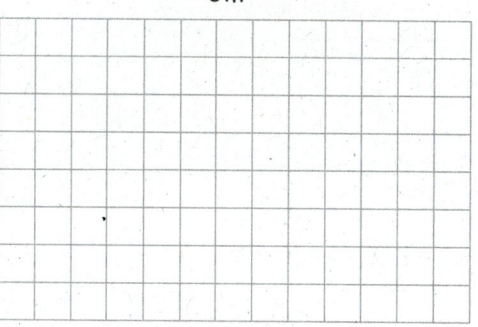

A: _____

2. Das Blumenbeet hat die Form eines Parallelogramms.
a) Wie groß ist der Umfang des Blumenbeets?
b) Zeichne das Parallelogramm verkleinert.
c) Berechne den Flächeninhalt des Blumenbeets. Zeichne dazu in dein Parallelogramm eine Höhe ein und miss ihre Länge.

Umfang des Blumenbeets: _____   Flächeninhalt des Blumenbeets: _____

3. Der Metallrahmen hat die Form eines Parallelogramms. In dem Rahmen ist ein Sichtschutz aus Stoff befestigt.
a) Zeichne das Parallelogramm verkleinert.
b) Wie lang ist der Metallrahmen?
c) Wie viel m² Stoff wurden für den Sichtschutz verwendet?

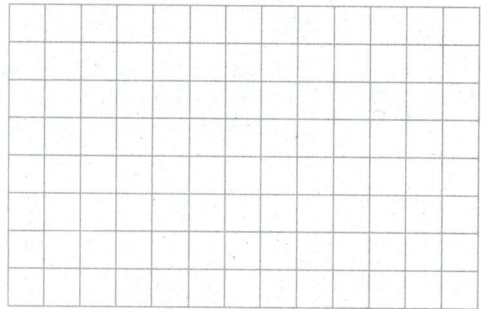
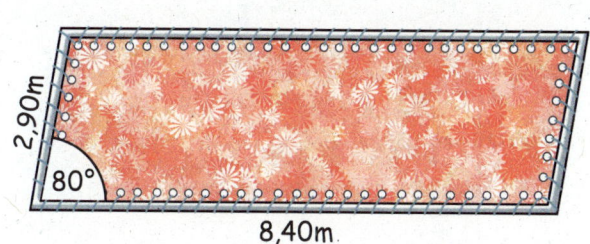

Länge des Metallrahmens: _____   Flächeninhalt des Sichtschutzes: _____

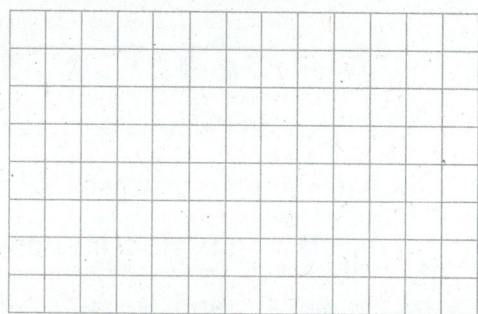

Konstruieren im Koordinatensystem

1. a) Trage die Punkte A (1|2) und B (10|8) in das Koordinatensystem ein. Verbinde die beiden Punkte durch eine Gerade.

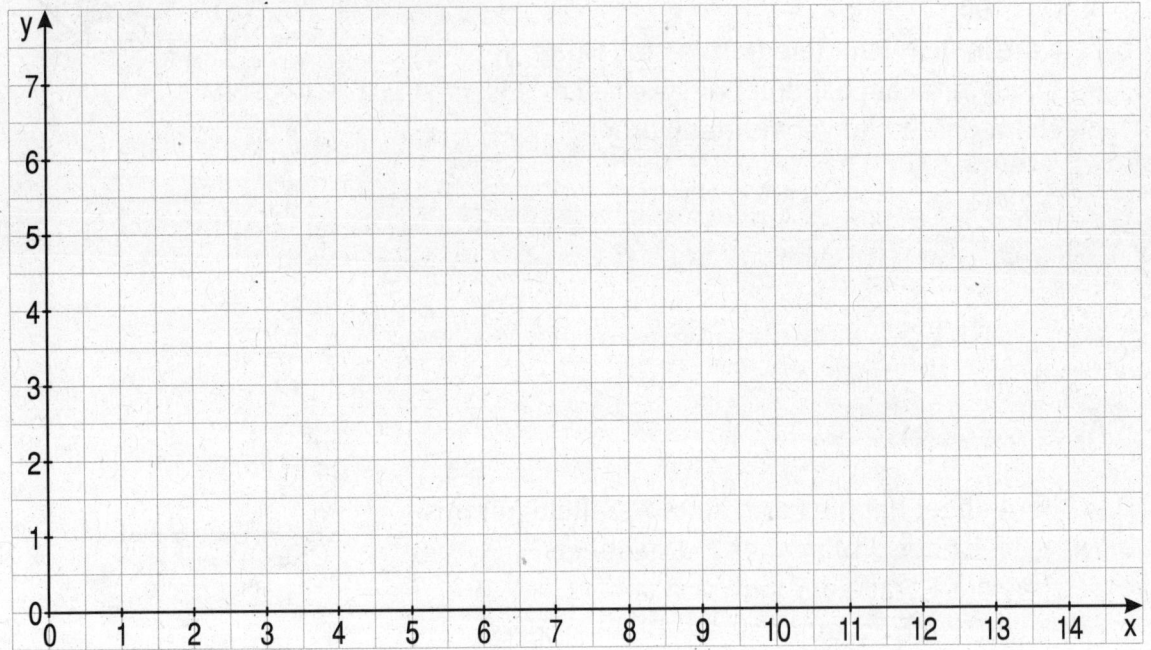

b) Zeichne die Senkrechte zur Geraden AB durch den Punkt C (9|3). Gib die Koordinaten von drei weiteren Punkten auf dieser Senkrechten an.

_____   _____   _____

c) Zeichne die Parallele zur Geraden AB durch den Punkt D (8|3). Gib die Koordinaten von drei weiteren Punkten auf dieser Parallelen an. _____   _____   _____

2. a) Trage in das Koordinatensystem diese Punkte ein und verbinde sie der Reihe nach:
A (6|0),   B (6|2),   C (1|2),   D (7,5|7),   E (14|2),   F (9|2),   G (9|0)

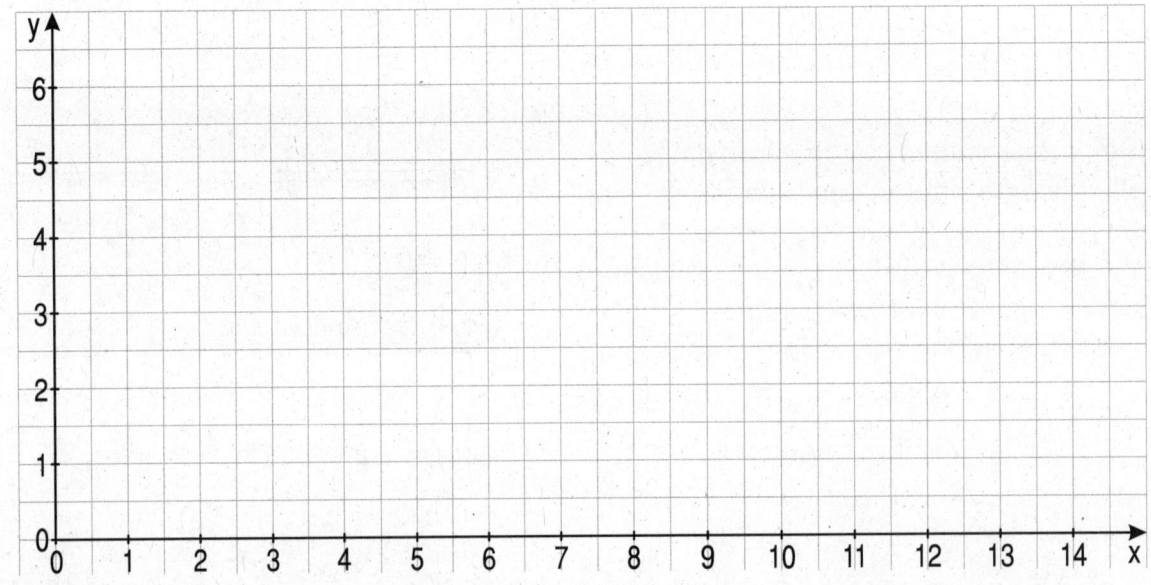

b) Die Figur, die du erhalten hast, ist symmetrisch. Zeichne die Symmetrieachse ein.

c) Auf der Symmetrieachse liegt der Punkt H im Abstand 3 cm vom Punkt D. Trage den Punkt H ein und gib seine Koordinaten an.   H (_____|_____)

d) Miss den Abstand der Punkte B und H. Abstand der Punkte B und H: _____

Figuren im Koordinatensystem konstruieren und berechnen

1. a) Zeichne das Dreieck mit den Eckpunkten A (1 | 1), B (7 | 3), C (4 | 7) in das Koordinatensystem.

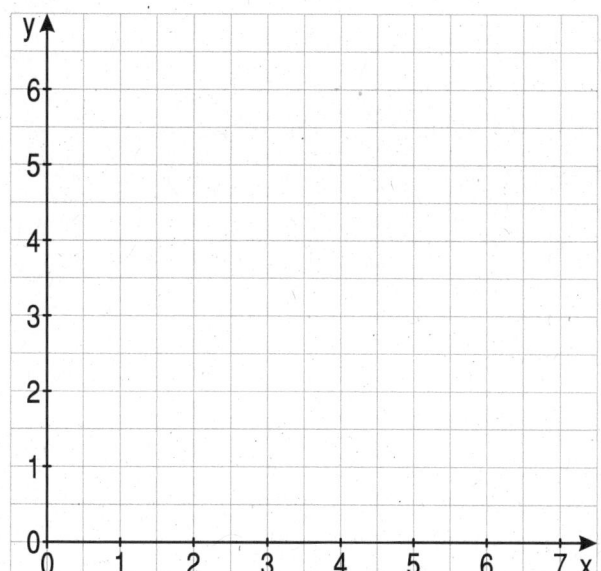 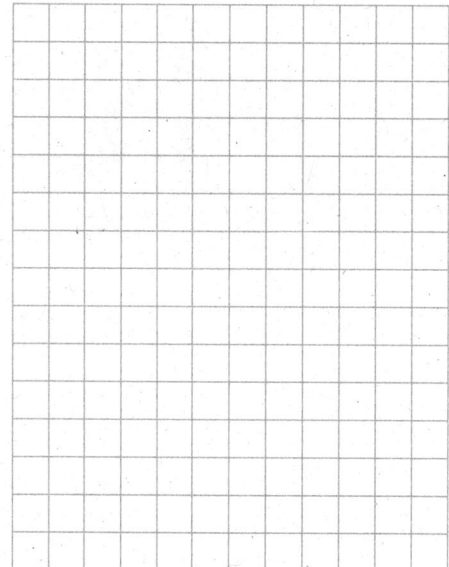

b) Miss alle Winkel des Dreiecks.

α = _____   β = _____   γ = _____

c) Miss alle Seiten des Dreiecks. Berechne den Umfang.

a = _____   b = _____   c = _____   u = _____

d) Zeichne in das Dreieck eine Höhe ein und miss ihre Länge. Berechne den Flächeninhalt des Dreiecks. Welche Seite gehört als Grundseite g zu deiner Höhe?

h = _____   g = _____   A = _____

2. a) Zeichne die Punkte A, B, C in das Koordinatensystem. Ergänze durch einen vierten Punkt D zu einem Parallelogramm. Notiere die Koordinaten von Punkt D.

A (1 | 0), B (7 | 1), C (6 | 5), D (_____ | _____)

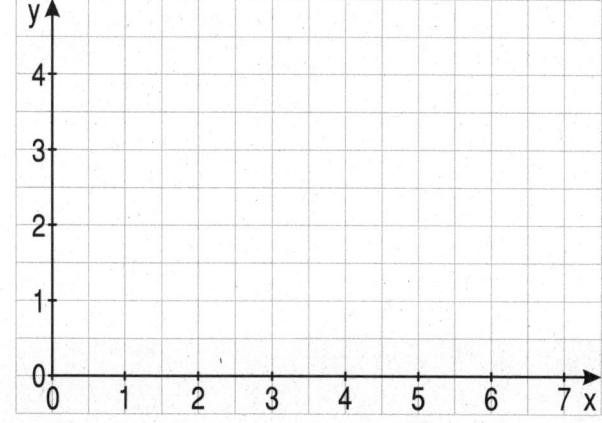 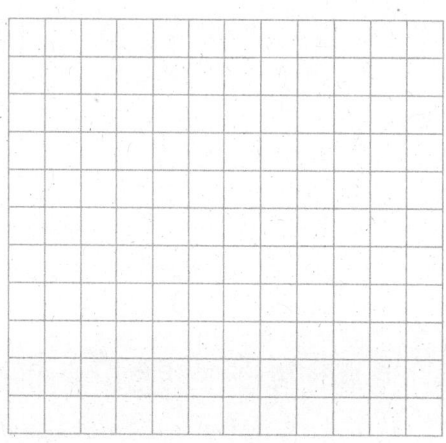

b) Miss die Seiten a und b des Parallelogramms. Berechne den Umfang.

a = _____   b = _____   u = _____

c) Zeichne in das Parallelogramm eine Höhe ein und miss ihre Länge. Berechne den Flächeninhalt des Parallelogramms. Welche Seite gehört als Grundseite g zu deiner Höhe?

h = _____   g = _____   A = _____

Vermischte Übungen

1. Bestimme die Entfernung der beiden Bäume mit einer Zeichnung. Färbe in der Planfigur die gegebenen Werte, dann zeichne das Dreieck. Für 10 m zeichne 1 cm.

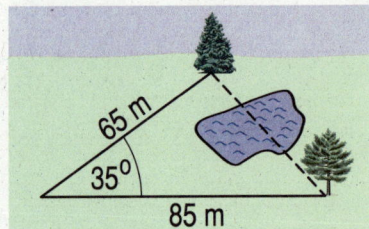

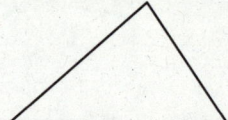

Entfernung der beiden Bäume: _____

2. Zeichne das Parallelogramm nach der Planfigur.

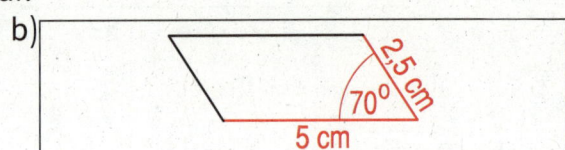

3. a) Zeichne das Dreieck mit den Eckpunkten A (0|1), B (6|0), C (7|3) in das Koordinatensystem.

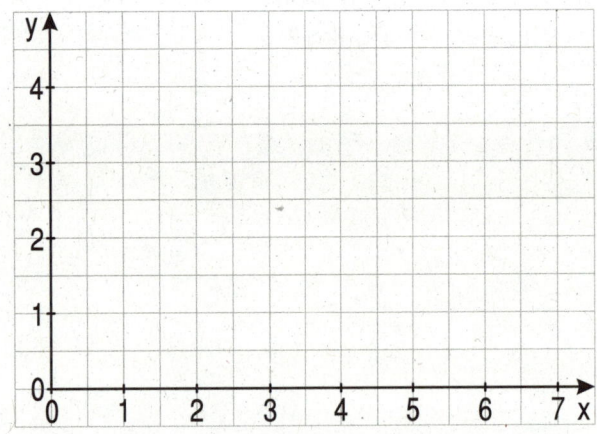

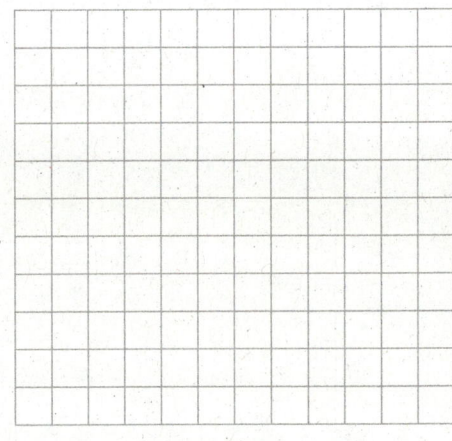

b) Ergänze das Dreieck ABC durch einen vierten Punkt D zu einem Parallelogramm.

Koordinaten von Punkt D: (_____|_____)

c) Miss die Seiten a und b des Parallelogramms. Berechne den Umfang.

a = _____   b = _____   u = _____

d) Zeichne in das Parallelogramm eine Höhe ein und miss ihre Länge. Berechne den Flächeninhalt des Parallelogramms. Welche Seite gehört als Grundseite g zu deiner Höhe?

h = _____   g = _____   A = _____

7 Wahrscheinlichkeits-rechnung

1. In der Tabelle stehen die Monatsverdienste der 5 Mitarbeiter zweier Betriebe.

Tischlerei Laufenberg	Frau Arp	Herr Lind	Herr Orth	Herr Oruc	Herr Salm	Durchschnitt
	2 100 €	760 €	3 900 €	2 400 €	840 €	
Friseur Özdemir	Herr Fink	Frau Lau	Frau Rezi	Frau Sand	Frau Wong	
	250 €	1 400 €	1 800 €	2 900 €	650 €	

a) Berechne jeweils den Durchschnitt (arithmetisches Mittel). Trage ihn in die Tabelle ein.

b) Die Werte für die Tischlerei Laufenberg wurden in einer Rangliste geordnet. Die Spannweite ist die Differenz zwischen dem größten und dem kleinsten Wert. Der mittlere Wert in der Rangliste ist der Median. Gib Median und Spannweite für die Tischlerei an.

Tischlerei Laufenberg

Rangliste: 760 €   840 €   2 100 €↑   2 400 €   3 900 €

Spannweite: 3 900 € – 760 € = _____   Median: _____

c) Bestimme ebenso Median und Spannweite für Friseur Özdemir.

Friseur Özdemir

Rangliste: _____ _____ _____ _____ _____

Spannweite: _____ – _____ = _____   Median: _____

2. Für eine gerade Anzahl von Werten ist der Median der Mittelwert der beiden Werte in der Mitte der Rangliste. Im Beispiel wurde eine Rangliste für Geldbeträge erstellt. Berechne den Median.

Rangliste:

10 €   25 €   30 € 40 €↑   80 €   90 €

Median: _____

3. So hoch ist der Monatsverdienst der Mitarbeiter der Autowerkstatt Fontanella:

Herr Renz	Frau Ponta	Herr Sinn	Frau Blau	Herr Koop	Herr Alt	Durchschnitt
2 200 €	2 400 €	850 €	1 950 €	1 600 €	3 000 €	

a) Bestimme den Mittelwert und trage ihn in die Tabelle ein.

b) Ordne alle 6 Werte zu einer Rangliste. Dann bestimme den Median und die Spannweite.

_____ _____ _____ _____ _____ _____

Median: _____   Spannweite: _____

Diagramme

Die Zahl der Auszubildenden in den einzelnen Ausbildungsbereichen ist unterschiedlich.
In der Tabelle stehen auf Zehntausender gerundete Zahlen.

	Industrie und Handel	Handwerk	Sonstige	Gesamtzahl
Auszubildende am 31.12.		380 000	190 000	
Davon im 1. Ausbildungsjahr		140 000	70 000	

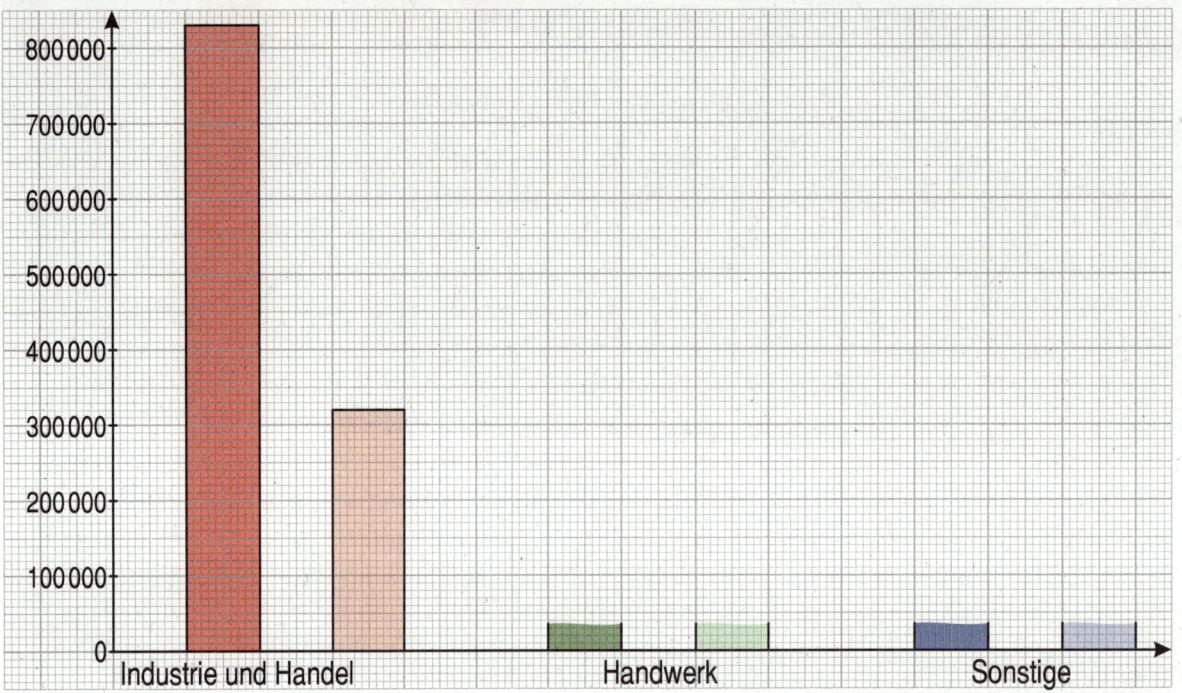

1. a) Lies die Zahlen für Industrie und Handel im Diagramm ab. Trage sie in die Tabelle ein.
   b) Ergänze die fehlenden Säulen im Diagramm.
   c) Berechne jeweils die Gesamtzahl und trage sie in die Tabelle ein.

2. Wahr oder falsch? Kreuze an.

	wahr	falsch
a) Mehr als die Hälfte aller Auszubildenden im Handwerk war im 1. Ausbildungsjahr.		
b) In Industrie und Handel gab es mehr als doppelt so viele Auszubildende wie im Handwerk.		
c) Mehr als ein Drittel der Auszubildenden in Industrie und Handel war im 1. Ausbildungsjahr.		
d) Die Zahl der Auszubildenden in Industrie und Handel war größer als die Anzahl aller anderen Auszubildenden zusammen.		

3. Nur in einem der drei Kreisdiagramme sind die Anteile der Auszubildenden in den drei Bereichen an der Gesamtzahl richtig dargestellt. Färbe dieses Diagramm passend zur Tabelle.

A

B   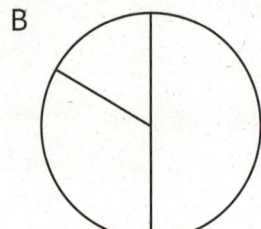   C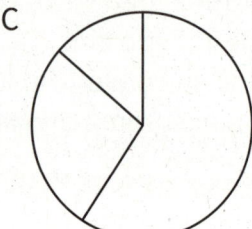

Diagramme

1.

Leo Lambert Heizung & Sanitär
Rechnung

1 Arbeitsstunde	45,50 €
MwSt. (19 %)	8,65 €
	54,15 €

Die Firma Lambert muss nicht nur den Lohn zahlen, sondern hat auch weitere Kosten zu tragen. Zur Berechnung der Kosten für eine Arbeitsstunde wurde ein Streifendiagramm gezeichnet. Vervollständige die Eintragung der Teilkosten im Diagramm.

Berechnung der Kosten für eine Arbeitsstunde

14,00 € Brutto-Stundenlohn
11,90 € Lohnnebenkosten (Arbeitgeberbeiträge zur Sozialversicherung, Urlaubsgeld, …)
17,40 € Betriebskosten (Personal im Büro, Miete, Autos, Heizung, Steuer, …)
 2,20 € Gewinn

45,50 € Netto-Kosten für eine Arbeitsstunde

 8,65 € Mehrwertsteuer (19 % der Netto-Kosten)

54,15 € Kosten, die Kunden für eine Arbeitsstunde bezahlen müssen.

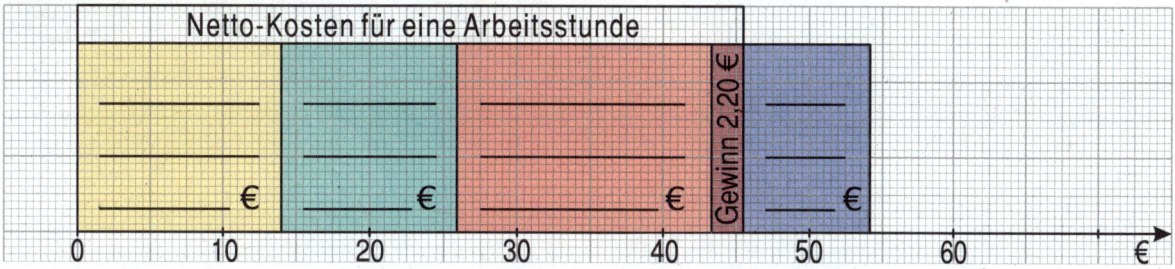

2. Der Ladenpreis für einen Mantel enthält außer dem Preis, den der Händler bezahlt hat, weitere Kosten. Vervollständige das Diagramm zur Berechnung des Ladenpreises.

Berechnung des Ladenpreises für einen Mantel

 90,00 € Einkaufspreis
 15,00 € Betriebskosten (Personal im Laden, Miete, …)
 20,00 € Gewinn

125,00 € Netto-Verkaufspreis

 23,75 € Mehrwertsteuer

148,75 € Ladenpreis

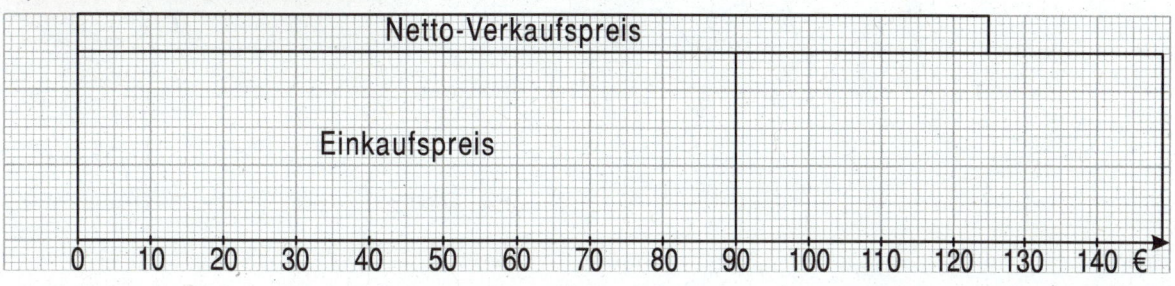

Wahrscheinlichkeit

> Sind alle Ergebnisse eines Zufallsexperiments gleich wahrscheinlich, so gilt für die Wahrscheinlichkeit P:
>
> $$P(\text{Ereignis}) = \frac{\text{Anzahl der günstigen Ergebnisse}}{\text{Anzahl aller Ergebnisse}}$$

1. Laura würfelt einmal mit einem Spielwürfel. Ergänze die fehlenden Angaben in der Tabelle.

	Ereignis	Günstige Ergebnisse	Wahrscheinlichkeit
a)	Es wird eine 1 oder eine 5 gewürfelt.	1; 5	$\frac{2}{6}$
b)	Es wird eine 3 gewürfelt.		
c)	Es wird eine gerade Zahl gewürfelt.		
d)	Es wird eine Zahl größer als 2 gewürfelt.		
e)	Es wird eine Zahl größer als 0 gewürfelt.		

2. Aus verschiedenen Beuteln wird eine Kugel gezogen. Ergänze die Wahrscheinlichkeiten in der Tabelle.

a)	Die gezogene Kugel ist gelb.	$\frac{2}{5}$		
b)	Die gezogene Kugel ist blau.			
c)	Die gezogene Kugel ist rot.			
d)	Die gezogene Kugel ist blau oder rot.			
e)	Die gezogene Kugel ist rot oder gelb.			
f)	Die gezogene Kugel ist nicht rot.			

3. Jedes Glücksrad ist in gleich große Felder eingeteilt. Die Felder sollen rot oder blau gefärbt werden. Die Wahrscheinlichkeit für „rot" ist jeweils angegeben.

a) Färbe entsprechend. Ergänze die Wahrscheinlichkeit für „blau".

$P(\text{rot}) = \frac{3}{5}$ $P(\text{rot}) = \frac{1}{4}$ $P(\text{rot}) = \frac{1}{2}$ $P(\text{rot}) = \frac{2}{3}$

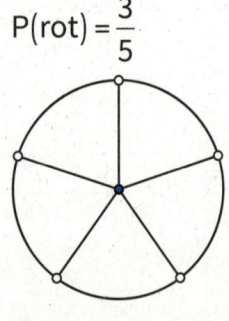 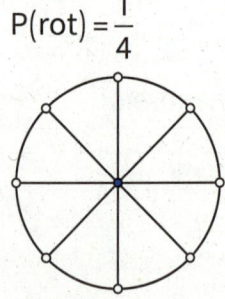 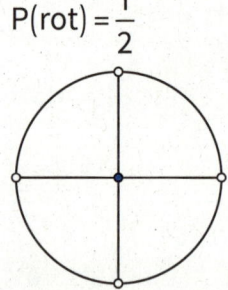 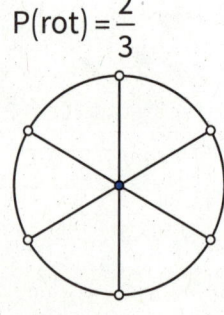

P(blau) =   P(blau) =   P(blau) =   P(blau) =

b) Nur bei einem Glücksrad ist die Wahscheinlichkeit für „blau" größer als 50 %. Kreuze an.

Wahrscheinlichkeit

Alle Felder des Glücksrades sind gleich groß.
Elif dreht das Glücksrad.
Dann bleibt das Glücksrad stehen und der Zeiger
zeigt auf ein Feld.

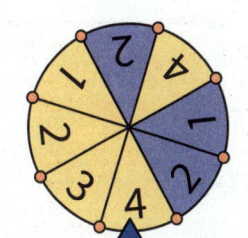

1. Ist die Aussage wahr oder falsch? Kreuze an.

		wahr	falsch
a)	Mit der Wahrscheinlichkeit $\frac{1}{8}$ zeigt der Zeiger auf ein blaues Feld.		
b)	Die Wahrscheinlichkeit, dass eine 4 auf dem Feld steht, ist 25 %.		
c)	Mit der Wahrscheinlichkeit $\frac{1}{2}$ zeigt der Zeiger auf eine gerade Zahl.		
d)	Mit der Wahrscheinlichkeit $\frac{3}{8}$ zeigt der Zeiger auf eine ungerade Zahl.		

2. Trage die Wahrscheinlichkeiten der Ereignisse in die Tabelle ein.

	Ereignis	Wahrscheinlichkeit
a)	Der Zeiger zeigt auf ein gelbes Feld.	
b)	Der Zeiger zeigt auf eine 1.	
c)	Der Zeiger zeigt auf eine 4.	
d)	Der Zeiger zeigt auf eine ungerade Zahl.	
e)	Die Zahl, auf die der Zeiger zeigt, ist kleiner als 3.	
f)	Der Zeiger zeigt auf ein blaues Feld oder auf eine 3.	
g)	Der Zeiger zeigt auf ein gelbes Feld oder auf eine gerade Zahl.	

3. Nachdem Lotta das Glücksrad gedreht hat, zeigt der Zeiger auf ein Feld mit einer 4.
Nun dreht Felix das Glücksrad.
Wie groß ist die Wahrscheinlichkeit, dass der Zeiger wieder auf ein Feld mit einer 4 zeigt?
Kreuze an.

○ größer als $\frac{1}{4}$ ○ $\frac{1}{4}$ ○ kleiner als $\frac{1}{4}$

4. Tom hat die Felder dieses Glücksrades blau oder gelb gefärbt
und darauf die Zahlen 1, 2, 3 und 4 geschrieben.
Tom sagt:

– Mit der Wahrscheinlichkeit $\frac{1}{2}$ zeigt der Zeiger auf ein
blaues Feld.

– Die Wahrscheinlichkeit, dass das Feld gelb ist und

1 darauf steht, ist $\frac{1}{4}$.

– Die Wahrscheinlichkeit, dass das Feld blau ist und 4
darauf steht, ist 0.

Färbe und beschrifte die Felder des Glücksrades entsprechend.

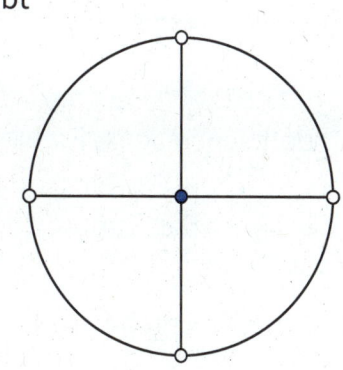

Mehrstufige Zufallsexperimente

1.   Lisa und Kenan drehen die Glücksräder und notieren die Zahlen, welche die Zeiger nach dem Stehenbleiben anzeigen. Das Baumdiagramm zeigt die verschiedenen Ergebnisse, die sie dabei erhalten können.

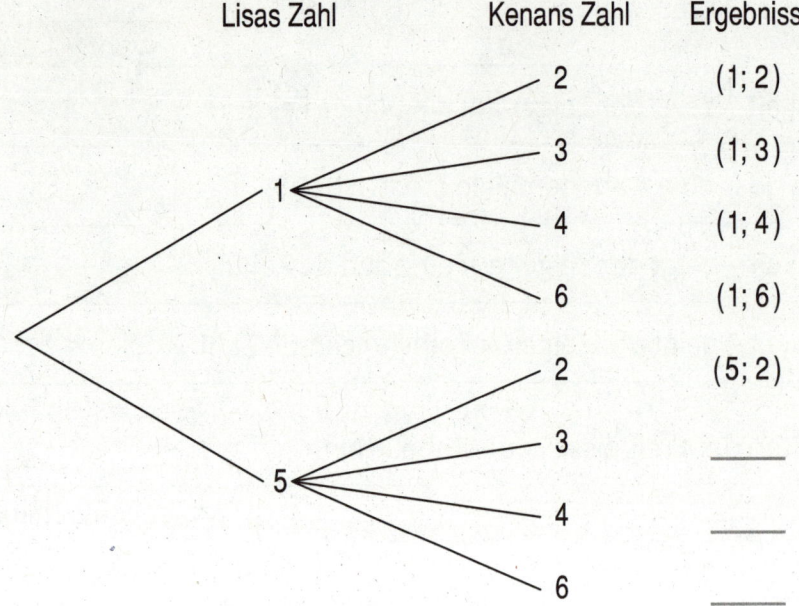

Lisas Zahl	Kenans Zahl	Ergebnisse
1	2	(1; 2)
	3	(1; 3)
	4	(1; 4)
	6	(1; 6)
5	2	(5; 2)
	3	____
	4	____
	6	____

a) Ergänze die fehlenden Ergebnisse.

b) Die Ergebnisse sind gleich wahrscheinlich. Wie groß ist jeweils die Wahrscheinlichkeit?

A: _____

c) Trage für jedes Ereignis die günstigen Ergebnisse ein. Dann bestimme die Wahrscheinlichkeit.

Ereignis: Die zweite Zahl ist 4.

Günstige Ergebnisse:

_____

Wahrscheinlichkeit: _____

Ereignis: Die erste Zahl ist 5.

Günstige Ergebnisse:

_____

Wahrscheinlichkeit: _____

Ereignis: Die zweite Zahl ist größer als die erste Zahl.

Günstige Ergebnisse:

_____

Wahrscheinlichkeit: _____

Ereignis: Die erste Zahl ist größer als die zweite Zahl.

Günstige Ergebnisse:

_____

Wahrscheinlichkeit: _____

Ereignis: Die Summe der beiden Zahlen ist 7.

Günstige Ergebnisse:

_____

Wahrscheinlichkeit: _____

Ereignis: Die Summe der beiden Zahlen ist kleiner als 6.

Günstige Ergebnisse:

_____

Wahrscheinlichkeit: _____

Mehrstufige Zufallsexperimente

1. Tobias hat drei Karten mit den Ziffern 5, 7, 8. Er legt damit dreistellige Zahlen.

a) Zwei Zahlen, die Tobias legen kann, sind bereits eingetragen. Ergänze.

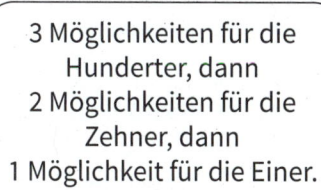

3 Möglichkeiten für die Hunderter, dann 2 Möglichkeiten für die Zehner, dann 1 Möglichkeit für die Einer.

Insgesamt 3 · 2 · 1 Möglichkeiten.

Hunderter	Zehner	Einer	Zahl
5	7	8	578
5	8	7	587
7	5	8	___
7	8	5	___
8	5		___
8	7		___

b) Wie viele verschiedene Zahlen kann Tobias legen?

A: _____

2. Herr Arp hat die vierstellige Geheimzahl für sein Handy vergessen. Er weiß nur noch, dass in der Geheimzahl die Ziffern 1, 2, 6 und 9 vorkommen und dass an der Tausenderstelle die 9 steht. Es gibt sechs Möglichkeiten für die Geheimzahl. Ergänze.

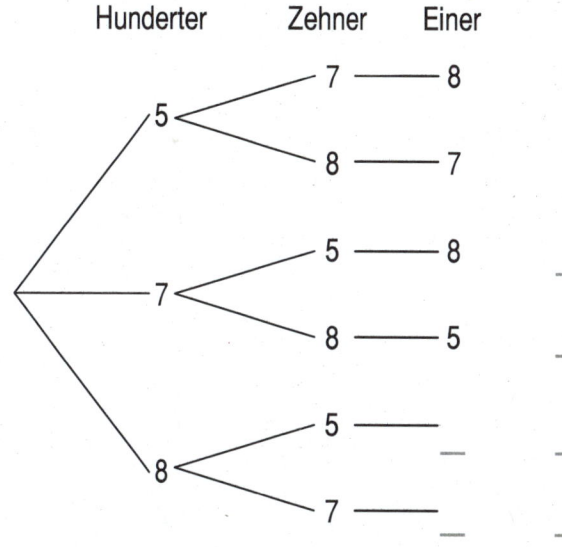

9126   9_____   _____   _____   _____

3. Sadaf hat vier Karten mit den Ziffern 3, 6, 8, 9.
Sie legt damit vierstellige Zahlen.

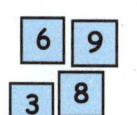 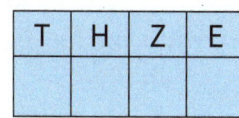

a) Wie viele Möglichkeiten hat Sadaf für die Tausender, wie viele für die Hunderter, Zehner und Einer? Trage ein.

_____ Möglichkeiten für die Tausender, dann _____ Möglichkeiten für die Hunderter,

dann _____ Möglichkeiten für die Zehner, dann _____ Möglichkeit für die Einer.

b) Wie viele verschiedene vierstellige Zahlen kann Sadaf legen?

A: _____

4. An diesem Zahlenschloss können dreistellige Zahlen eingestellt werden. Jedes Rädchen trägt die Ziffern 1, 2, 3, 4 und 5. Für jede Stelle gibt es daher 5 Möglichkeiten. Die Anzahl der möglichen Einstellungen findest du mit einer Mal-Aufgabe. Ergänze.
Anzahl der möglichen Einstellungen: 5 · 5 · 5 = _____

Vermischte Übungen

1. So hoch ist der Monatsverdienst der sechs Mitarbeiter des Malerbetriebs Kowalski.

Herr Rand	Herr Stahl	Frau Mau	Herr Leng	Herr Beutli	Frau Dini	Durchschnitt
2 000 €	750 €	2 100 €	1 400 €	1 800 €	2 750 €	

a) Bestimme den Durchschnitt und trage ihn in die Tabelle ein.

b) Ordne alle 6 Werte zu einer Rangliste. Dann bestimme den Median und die Spannweite.

___ ___ ___ ___ ___ ___

Median: _____   Spannweite: _____

2. Zukunftspläne der 64 Schülerinnen und Schüler eines Abschlussjahrgangs:
50 % der Jugendlichen möchten weiterhin eine Schule besuchen. Eine sofortige Berufsausbildung wird von $\frac{3}{8}$ der Befragten angestrebt. Alle anderen sind noch unentschlossen.
Erstelle zu den Angaben im Text ein Kreisdiagramm und ein Säulendiagramm.

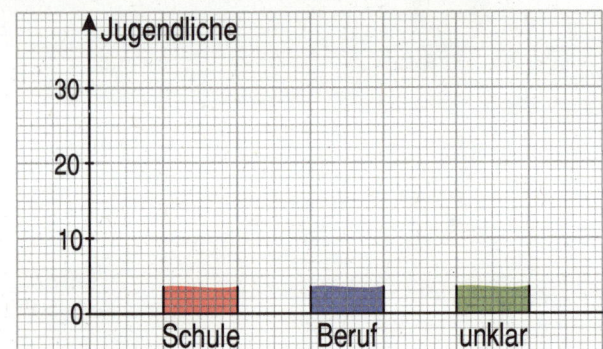

3. 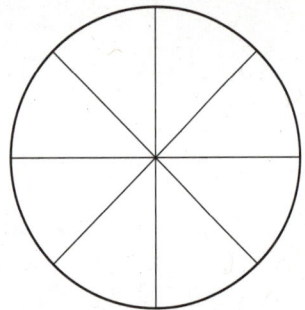 Lino   Mia

Lino und Mia drehen die Glücksräder und notieren die Zahlen, welche die Zeiger nach dem Stehenbleiben anzeigen: immer zuerst Linos Zahl, dann Mias Zahl

a) Ergänze die fehlenden Ergebnisse.

(2; 3) _____

b) Trage für jedes Ereignis die günstigen Ergebnisse ein. Dann bestimme die Wahrscheinlichkeit.

Ereignis: Mias Zahl ist größer als Linos Zahl.

Günstige Ergebnisse:

_____

Wahrscheinlichkeit: _____

Ereignis: Die Summe der beiden Zahlen ist gerade.

Günstige Ergebnisse:

_____

Wahrscheinlichkeit: _____

4. Das Automodell Capigo gibt es mit Benzin- oder mit Dieselmotor und in den 4 Ausstattungen Standard, Classic, de Luxe und Family. Wie viel verschiedene Modelle gibt es?

R: _____

A: _____

1. a) 4 600   +   2 500 = _____   b) 9 800   –   7 300 = _____

   12 000   + _____ = 17 900   30 000   – _____ = 18 000

   _____ +   11 800 = 20 000   _____ –   23 000 = 57 000

   34 200   + _____ = 45 000   44 500   – _____ = 33 000

2. Rechne schriftlich.

   a) 23 456 + 895   b) 1 173 + 10 781   c) 44 444 – 379   d) 51 009 – 10 673

3. Ergänze die fehlenden Ziffern.

   a)   1 2 3 4   b)   3 _ 7 _ 2   c)   8 7 6 5   d)   7 1 5 _ 2

   + _____ _   + _ 4 _ 6 3   – _ _ _ _   – 3 _ 4 5 _
   _____   _____   _____   _____
      5 0 6 0   6 2 9 0 _   5 2 9 0   _ 6 _ 4 2

4. Die Summe der Zahlen in zwei nebeneinander liegenden Steinen steht im Stein darüber.

   a)   b)   c)

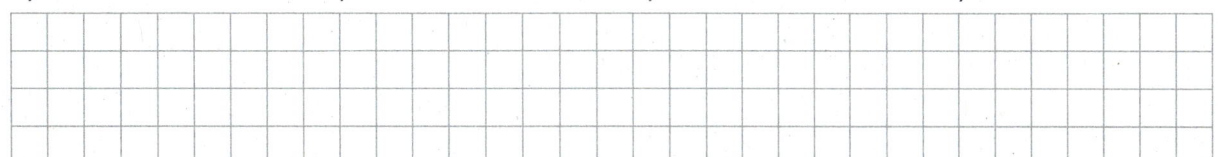

5. a)   b)   c)

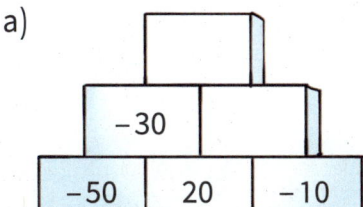
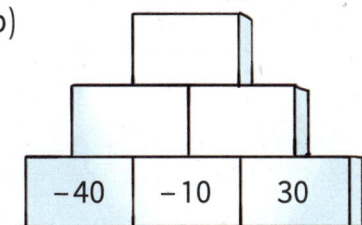
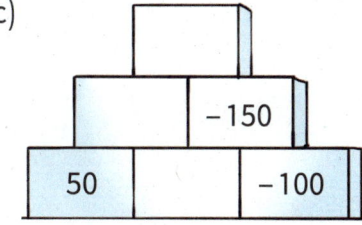

· 10			· 1 000			: 100	
67		51		500 000	
3 200		303		26 000	
1 004		5 400		2 000	

6. Addiere und subtrahiere im Kopf.

   a) 0,3 + 0,4 = ____   b) 1,3 + 0,04 = ____   c) 4,9 – 0,3 = ____   d) 5,84 – 0,8 = ____

   3,2 + 5,5 = ____   0,5 + 2,07 = ____   8,5 – 0,3 = ____   6,42 – 0,2 = ____

   6,5 + 1,9 = ____   3,4 + 1,23 = ____   7,8 – 1,9 = ____   4,92 – 1,7 = ____

Multiplizieren und Dividieren

1. a)

·	10	100	1 000
2,3			
0,4			
21,75			

b)

:	10	100	1 000
5 432,1			
100,15			
459			

2. Schreibe den Bruch als Dezimalbruch.

a) $\frac{1}{2}$ = _____

$\frac{1}{4}$ = _____

b) $\frac{1}{10}$ = _____

$\frac{7}{10}$ = _____

c) $\frac{1}{5}$ = _____

$\frac{2}{5}$ = _____

d) $\frac{3}{4}$ = _____

$\frac{3}{5}$ = _____

3. Rechne im Kopf.

a) $12,3 \cdot 3$ = _____

$10,5 \cdot 2$ = _____

$21,2 \cdot 4$ = _____

$14,1 \cdot 5$ = _____

b) $24,4 : 2$ = _____

$70,7 : 7$ = _____

$10,5 : 5$ = _____

$12,3 : 3$ = _____

c) $60,1 \cdot$ _____ $= 300,5$

_____ $\cdot \ 9 \ = \ 9,9$

$24,6 :$ _____ $= \ 8,2$

_____ $: \ 4 \ = \ 2,5$

4. Bei diesen Aufgaben musst du nicht rechnen.

a) $10 \cdot 0,1$ = _____

$10 \cdot 0 \ $ = _____

b) $0,1 : 0,1$ = _____

$0 \ : 10$ = _____

c) _____ $\cdot 10 = 10$

$10 :$ _____ $= 10$

5. Rechne schriftlich.

a) $1,53 \cdot 8$

b) $2,14 \cdot 12$

c) $55,3 \cdot 6$

d) $207,3 \cdot 2,3$

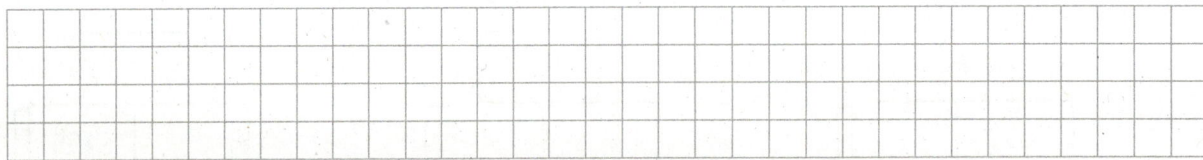

6. a) $4,92 : 2 =$

b) $356,4 : 3 =$

c) $79 : 4 =$

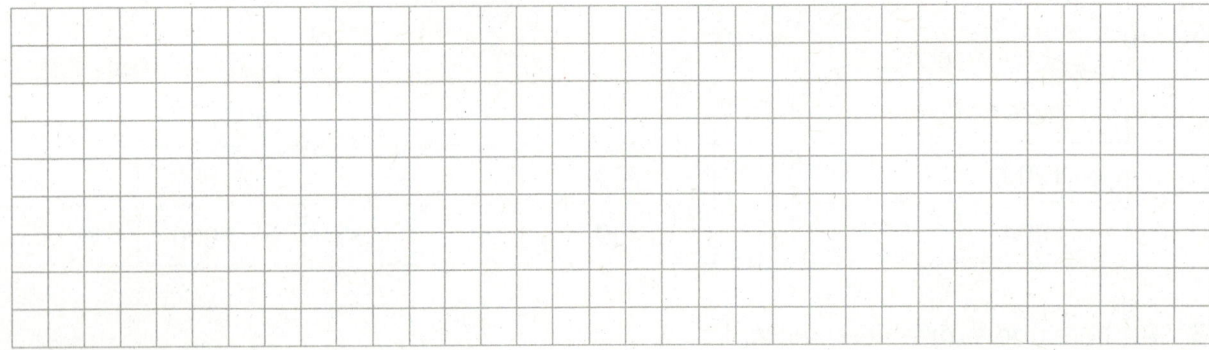

7. Welche Rechnung passt? Kreuze an.
Gerd erhält jeden Monat 22,50 € Taschengeld. Wie viel Euro bekommt er im halben Jahr?

◯ 22,50 · 0,5 ◯ 22,50 : 12 ◯ 22,50 · 6 ◯ 22,50 : 6 ◯ 22,50 · 12

Sachaufgaben

1. In der Bäckerei kauft Herr Solvi ein Brot für 3,90 € und 3 Brötchen.
Ein Brötchen kostet 40 Cent.

F: _____

A: _____

2. Eva kauft eine Kette für 19,50 € und einen Ring für 12 €.
Sie bezahlt mit einem 50-€-Schein.

F: _____

A: _____

3. Eine Flasche Mineralwasser kostet im Supermarkt 50 Cent. Olga kauft
einen Kasten mit 12 Flaschen. Zusätzlich sind 3,30 € Pfand zu bezahlen.

F: _____

A: _____

4. Kemal möchte 400 g Schokolade kaufen. Welches Angebot ist günstiger?

Schokolade 200 g
200 g
2,10 €

Schokolade 80 g
80 g
0,80 €

A: _____

5. Das Herz eines erwachsenen Menschen schlägt ungefähr 100 000-mal in 24 Stunden.
Wie viel Mal schlägt das Herz eines Erwachsenen ungefähr in einer Stunde? Kreuze an.

◯ 40-mal   ◯ 400-mal   ◯ 4 000-mal   ◯ 40 000-mal

6. In einer Stunde pumpt das Herz ungefähr 300 ℓ Blut durch den Körper.
Wie viel Liter Blut werden am Tag ungefähr durch den Körper gepumpt?

A: _____

7. Herr Heine schaut um 14:25 Uhr auf die Uhr. Er wird seine Tochter 50 min später abholen.
Um wie viel Uhr holt Herr Heine seine Tochter ab?

A: _____

8. Ein Lkw-Fahrer beginnt seine Fahrt um 5:35 Uhr.
Nach 3 Stunden macht er eine Pause von zwei Stunden.
Danach ist er noch 3 Stunden und 20 Minuten unterwegs.
Um wie viel Uhr erreicht der Lkw-Fahrer sein Ziel?

A: _____

Zuordnungen

1. Ergänze die fehlenden Gewichte in der Tabelle.

a)

Granit	
cm³	g
2	5,2
1	
15	

b)

Kork	
cm³	g
6	3
1	
11	

c)

Styropor	
cm³	g
10	0,2
1	
7	

2. Ist die Zuordnung proportional oder antiproportional? Vervollständige die Tabelle.

a)

Lohn	
h	€
3	27,30
1	
8	

b)

Benzinverbrauch	
km	ℓ
500	30
100	
200	

c)

Arbeitszeit	
Handwerker	h
4	9
1	
3	

3. Wie viele Fahrten sind nötig? Löse mit einer Tabelle.

a) 2 Lkw: 20 Fahrten

   5 Lkw: _____ Fahrten

b) 7 Lkw: 9 Fahrten

   3 Lkw: _____ Fahrten

c) 3 Lkw: 14 Fahrten

   2 Lkw: _____ Fahrten

4. Der Inhalt eines Eimers mit Senf wird in 60 Portionen zu je 50 g abgefüllt. Wie viele Portionen zu je 40 g könnte man aus dem Eimer abfüllen?

A: _____

5. Ein Bäcker hat Teig für 80 Brote hergestellt. Jedes Brot wiegt 1,5 kg. Wie viele Brote zu je 1 200 g könnte er aus dieser Menge Teig backen?

A: _____

6. In jeder Stunde wird gleich viel Wasser abgepumpt. Vervollständige die Tabelle.

a)

Wassermenge	
h	m³
0	400
1	340
2	

b)

Wassermenge	
h	m³
0	500
1	430
2	

c)

Wassermenge	
h	m³
0	280
1	227
2	

Prozentrechnung

1. Welcher Bruchteil ist gefärbt? Färbe im Hunderterfeld denselben Bruchteil.

a)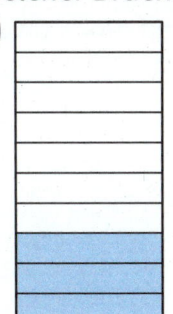

$$\frac{\quad}{10} = \frac{\quad}{100} = \text{\_\_\_\_\_} \%$$

b)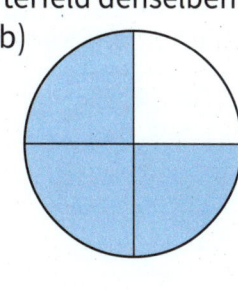

$$\frac{\quad}{\quad} = \frac{\quad}{\quad} = \text{\_\_\_\_\_} \%$$

2. Wie viel Prozent der Fläche des Rechtecks sind gefärbt?

a)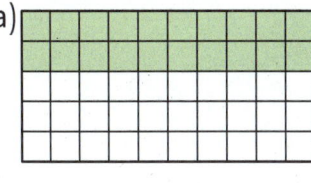

_____ %

b)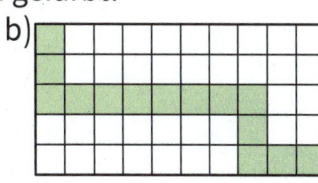

_____ %

3. Berechne mit der Tabelle.

a) 30 % von 6 000 Autos

%	Autos
100	

_____ Autos

b) 20 % von 5 200 Autos

%	Autos

_____ Autos

c) 80 % von 400 Autos

%	Autos

_____ Autos

4. Vervollständige die Tabelle.

a) Alle Preise werden um 6 % erhöht.

Alter Preis	200 €	4 000 €	12 000 €
Erhöhung			
Neuer Preis			

b) Alle Preise werden um 30 % gesenkt.

Alter Preis	500 €	3 000 €	15 000 €
Nachlass			
Neuer Preis			

5. Herr Rickenbauer verdient im Monat 2 870 € brutto.
Er bekommt 61 % dieses Bruttolohnes ausgezahlt.
Wie viel Euro beträgt der Nettolohn?

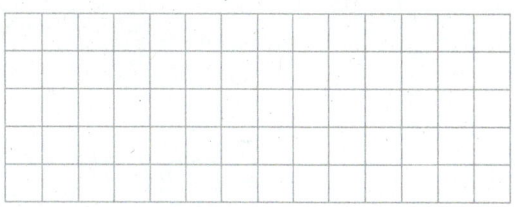

A: _____

Flächen

1. Hier siehst du ein Parallelogramm in einem Rechteck. Bestimme den Flächeninhalt des Rechtecks, den Flächeninhalt des Parallelogramms und den Flächeninhalt eines Dreiecks.

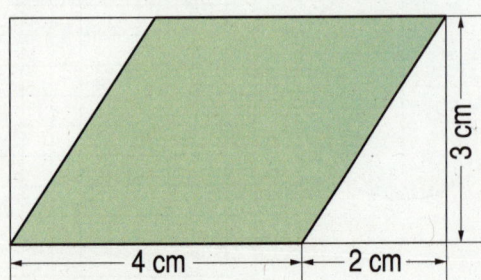 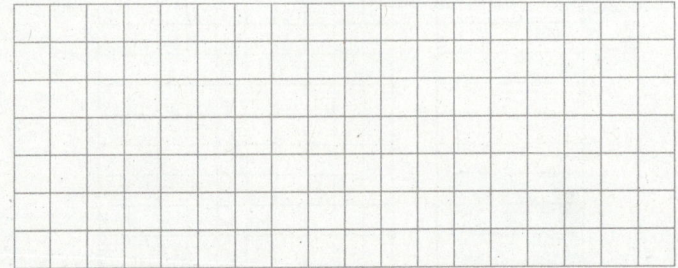

Rechteck: A = _____ cm² Parallelogramm: A = _____ cm² Dreieck: A = _____ cm²

2. Das Wohnzimmer soll einen neuen Holzfußboden und neue Fußleisten erhalten. Herr Wolters hat eine Skizze des Raumes gezeichnet.
a) In welchem Maßstab wurde die Skizze angefertigt? Kreuze an.

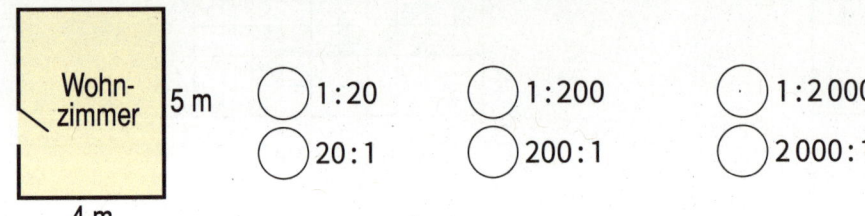

b) Wie viel m² Holzfußboden werden benötigt?

A: _____

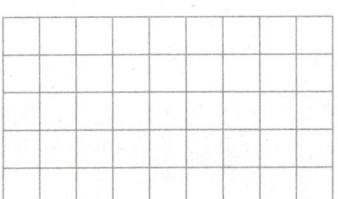

c) Die Tür ist 1 m breit. Wie viel m Fußleiste werden benötigt?

A: _____

3. Der Raum soll mit Teppichboden ausgestattet werden. Wie viel m² können verlegt werden?

a)

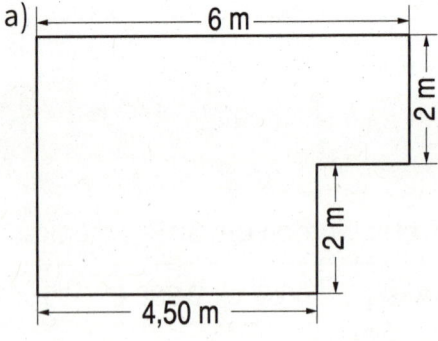

A: _____

b)

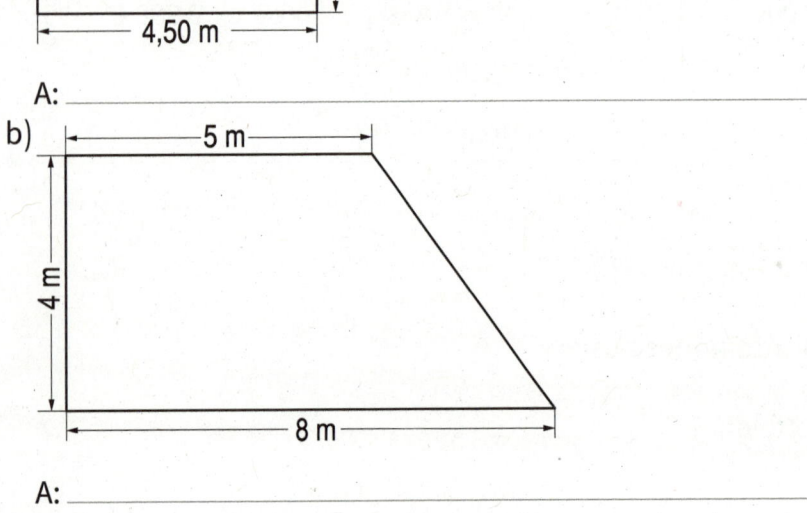

A: _____

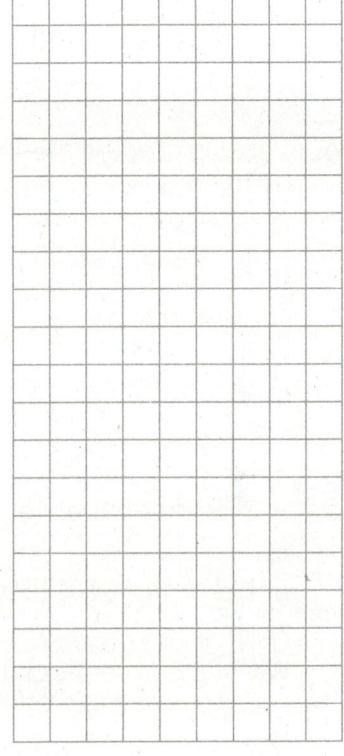

Körper

1. In der Projektwoche möchte die Klasse 10a ein Terrarium bauen. Der Boden soll aus Holz, die Seitenwände sollen aus Glas sein. Eine Skizze wurde bereits angefertigt.

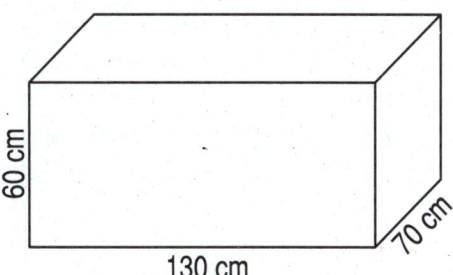

a) Wie groß ist das Volumen des Terrariums?

A: _____

b) Wie viel cm² Holz werden für den Boden benötigt?

A: _____

c) Wie viel cm² Glas werden ohne Deckel benötigt?

A: _____

2. Berechne das Volumen des zusammengesetzten Körpers.

a)

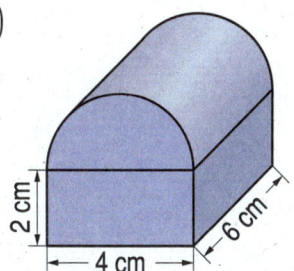

V = _____ cm³

b)

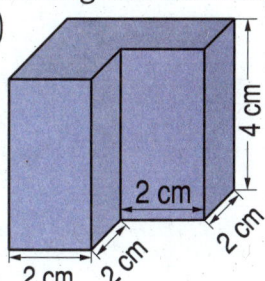

V = _____ cm³

c)

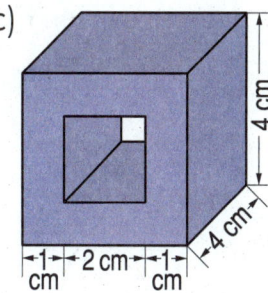

V = _____ cm³

Daten und Zufall

1. Im Diagramm ist die Körpergröße von Schülern dargestellt.

Anton ist am größten, Leo ist am kleinsten, Juri ist größer als Mats.

Wie groß ist Juri?

A: _____

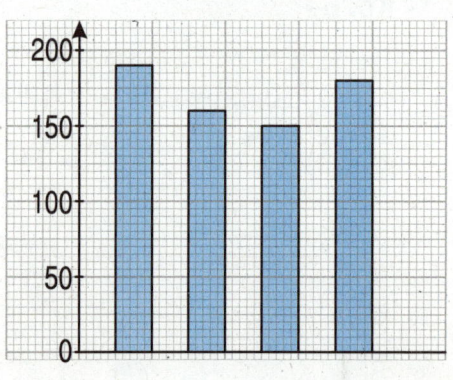

2. 400 Jugendliche werden gefragt: Welches Schulfach ist für dich am wichtigsten?
Das Fach Mathematik wird von 225 Befragten genannt.
Für ein Viertel der Jugendlichen ist Deutsch das wichtigste Schulfach.
Das Fach Arbeitslehre erhält 50 Stimmen.
Die restlichen Stimmen entfallen auf andere Fächer.
Kennzeichne im Kreisdiagramm die Anteile der Fächer mit den entsprechenden Farben.

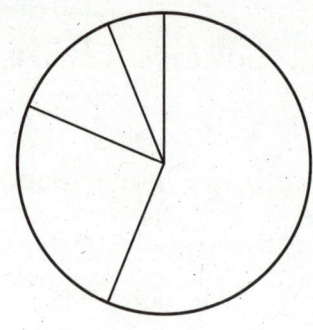

3. Bei der Wahl des Schulsprechers sind 72 Schülerinnen und Schüler stimmberechtigt. Auf Roksana entfallen 50 % der Stimmen. Georg wird von $\frac{3}{8}$ der Stimmberechtigten gewählt. Alle anderen wählen Hannes.

Färbe das Kreisdiagramm passend zu den Angaben im Text. Erstelle ein Säulendiagramm.

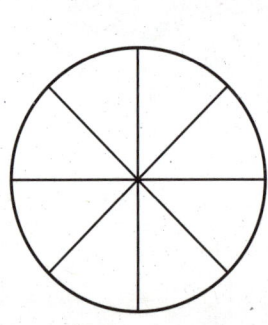

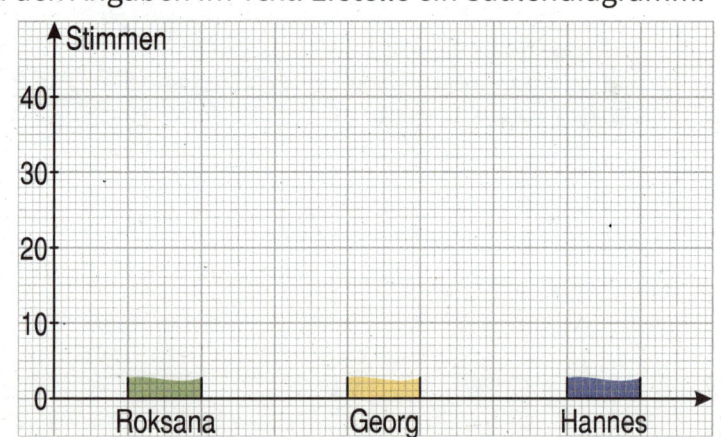

4. Färbe die Felder des Glücksrades rot oder blau, so dass „rot" die angegebene Wahrscheinlichkeit hat. Ergänze die Wahrscheinlichkeit für „blau".

a) $p(\text{rot}) = \frac{5}{8}$ b) $p(\text{rot}) = \frac{3}{4}$ c) $p(\text{rot}) = 50\,\%$ d) $p(\text{rot}) = 25\,\%$

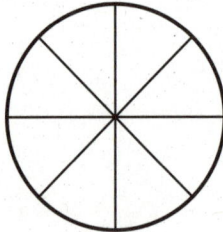   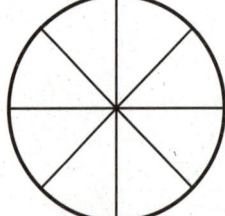      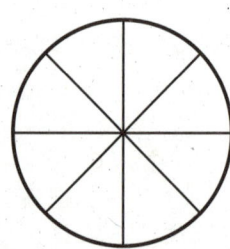

    $p(\text{blau}) =$ _____ $p(\text{blau}) =$ _____ $p(\text{blau}) =$ _____ $p(\text{blau}) =$ _____